아홉 살에 시작하는
똑똑한 초등신문

아홉 살에 시작하는
똑똑한 초등신문

초판 1쇄 발행	2023년 5월 5일
58쇄 발행	2025년 12월 10일
지은이	신효원
펴낸이	신호정
편집	전유림, 이미정
마케팅	백혜연
디자인	이지숙
펴낸곳	책장속북스
신고번호	제 2020-000111호
주소	서울시 송파구 양재대로 71길 16-28 원당빌딩 4층
대표번호	02)2088-2887
팩스	02)6008-9050
인스타그램	@chaegjang_books
이메일	chaeg_jang@naver.com
ISBN	979-11-91836-21-9 (73710)

● 잘못된 책은 구입한 서점에서 바꾸어 드립니다.
● 이 책은 저작권법에 따라 보호받는 저작물이므로, 이 책 내용의 일부 또는 전부를 이용하려면
  반드시 저작권자와 책장속북스의 서면 동의를 받아야 합니다.
● 책값은 뒤표지에 있습니다.

아홉 살에 시작하는

똑똑한 초등신문

신효원 지음

책장속
BOOKS

머리말

아이들이 어떻게 하면 신문 기사를 꾸준히 읽을 수 있을까요?

어느 날 저녁, 어른들은 여느 때처럼 그날의 기사에 대해 이야기를 나누고 있었어요. 그때 아이가 느닷없이 물어보더군요. 무슨 내용이냐고요. 아홉 살 아이는 어른들이 나누는 세상일에 불현듯 호기심이 생겼던 것입니다.

저는 아이가 이해할 만한 말로 기사를 풀어 설명해 줬습니다. 진지하게 제 이야기를 듣는 아이를 보며 문득 이런 생각을 했어요. 아홉 살이 된 아이들이, 십 대의 시간을 걸어가는 모든 아이들이 다양한 세상일들을 읽으며 시야를 넓힐 수 있으면 좋겠다고 말입니다. 이 생각을 기점으로 《아홉 살에 시작하는 똑똑한 초등신문》이 세상에 나오게 되었습니다.

시중에는 신문 읽기를 주제로 한 어린이용 책들이 다양한 형태로 나와 있습니다. 그러나 이들 대부분은 아이들이 이해하기 버거워 보입니다. 어른들을 위해 쓰인 긴 호흡의 신문 텍스트와 어휘가 다듬어지지 않은 채 실려 있기 때문입니다. 낯선 주제를 친절하지 않은 텍스트로 제공하니 아이들의 신문 읽기는 시도부터 뭉개지거나, 시작했다고 해도 곧이어 흐지부지되어 버리기 일쑵니다.

아이들이 어떻게 하면 신문 기사를 꾸준히 읽을 수 있을까요? 이해하기 쉽고 흥미로운 주제의 텍스트라면 세상을 향한 아이들의 지적 탐험이 계속되지 않을까요?

이 책은 지난 1년간 경제, 사회, 세계, 과학, 환경, 총 다섯 개의 분야를 중심으로 우리가 눈여겨보아야 할 주제의 기사들을 골라 아이들의 눈높이로 재구성해 엮었습니다. 이 책에는 신문 텍스트뿐만 아니라 알아 둬야 할 개념, 기사 내용을 이해했는지 확인해 볼 수 있는 O, X 문제, 꼭 알아 둬야 할 신문 어휘들을 수록했습니다.

아이들이 이 책에 실린 100개의 기사를 읽어 나가면서 각 분야의 문제들이 결국 서로 밀접하게 연결되어 있음을 조감의 시선으로 내려 볼 수 있기를 바랍니다. 정보의 조각조각을 이어 세상의 커다란 밑그림을 그리고, 이를 해석해 나가는 힘을 키울 수 있기를 바랍니다.

신효원

목차

머리말 아이들이 어떻게 하면 신문 기사를 꾸준히 읽을 수 있을까요? 04

PART 1. 경제

01 포켓몬빵 띠부씰의 진실 14
02 사탕 없는 핼러윈은 핼러윈이 아닌데요 16
03 다른 건 안 팔려도 콜라는 잘 팔려요 18
04 잘 가요. 내일부터는 회사에 나오지 마세요 20
05 미국부터 보호할 거야. 미국이 제일 중요해 22
06 경제가 휘청, 회색코뿔소가 달려오고 있어요 24
07 한국에 따라잡힌 일본 경제 26
08 사라진 붕어빵 찾아 삼만리 28
09 총성 없는 종자전쟁의 시작 30
10 아직 버리지 마세요. 소비기한은 남았거든요! 32
11 어서오세요, 여기는 사람 없는 맥도날드입니다 34
12 새로 산 물건인데 자꾸 고장이 난다면 36
13 환경도 경제도 지키는 공정무역 38
14 우리는 체리만 따 먹는 사람이 아니에요 40
15 삐뽀삐뽀! 위기에 처한 나라들이 많아졌어요 42
16 가뭄에 기저귀 가격이 오른다? 44

PART 2. 사회

17 ○○들은 오지 마세요, 이곳은 노○○존이랍니다 48
18 우리는 그러니까 알파(α)세대! 알파세대를 주목하세요! 50
19 2023년, 지구에는 얼마나 많은 사람들이 살고 있을까요? 52
20 전 세계 단 21명! 레고 마니아들의 꿈의 자격증, 레고 공인작가 54
21 배달시키신 분? 저, 드론이 갑니다! 56
22 저를 안아 주세요! 58
23 잠깐만요, 미운 말 하기 전에 잠시만 멈춰 봐요 60
24 글 쓰는 영화감독, 제임스 캐머런의 이야기 62
25 우리 같이 당근해요! 64
26 대한민국은 몇 등 나라? 66
27 명탐정 셜록 홈스 캐릭터, 이제는 공짜로 쓸 수 있어요 68
28 500년 전, 할아버지의 할아버지의 할아버지…가 쓴 편지 70
29 하루, 이틀, 그다음은 삼일? 72
30 우리 같이 웃어요, 하하하! 호호호! 74
31 중간이 사라졌다, 평균 실종 사태 76
32 동물들이 아픈 건 싫어요. 이제는 비건 패션 시대! 78
33 듣고 볼 수 없어도 우린 다 느낄 수 있어요 80
34 고쳐서 오래오래 쓸래요. 우리에게 수리권을 주세요 82
35 조심! 좀비가 될지도 몰라요 84
36 찰리와 초콜릿 공장이 다시 태어났어요 86
37 줄어드는 아이들 그리고 사라지는 어린이집 88

PART 3. 세계

38 모두가 아픈 전쟁, 이제 좀 그만해요 92
39 왜 여자들에게만 얼굴을 가리라고 하는 거죠? 94
40 중국은 왜 자꾸 '하나의 중국'이라고 할까요? 96
41 한국이 얼마나 인기가 많은 나라냐면 98
42 케냐 아이들이 학교로 돌아왔어요 100
43 백지 시위가 시작된 중국, "우리의 입을 막을 순 없어요." 102
44 여자는 인형, 남자는 자동차? 이제 이런 광고는 금지 104
45 갈 곳 없는 사람들의 슬픈 이야기 106
46 러시아! 언제까지 심술부릴 거야? 108
47 우크라이나, 우리가 도와줄게요! 비버 올림. 110
48 집들이 먼지처럼 내려앉고 말았어요 112
49 인도에서 발견된 하얀 석유 이야기 114
50 우리는 아직 꿈을 잃지 않았어요 116
51 아프간 여성들에 대한 차별을 멈춰 주세요 118
52 일본이 오염수를 바다에 흘려보내면 120
53 세계는 지금 덜 녹는 아이스크림 개발 중 122
54 프랑스 맥도날드에서 인기 폭발한 그것은 바로 124
55 틱톡! 지금 당장 삭제하세요 126
56 우리가 살아가고 있는 시대의 이름은 뭘까요? 알아맞혀 보세요 128

PART 4. 과학

57 우주의 독거미 속에서 별들이 태어나고 있어요 132
58 수달이 사자만큼 컸다고요? 134
59 흰개미가 골칫거리라고요? 뭘 모르시는 말씀! 136
60 딱따구리는 왜 나무를 두드릴까요? 138
61 개는 주인의 마음을 어떻게 알아챌까요? 140
62 꿀벌 떼가 전기를 만든다면 142
63 하늘에 뜬 홍시 144
64 문어가 친구에게 화가 나면… 146
65 혼자서도 잘 가는 나는야, 자율주행 자동차! 148
66 돈을 내야 할까요? 안 내도 될까요? 150
67 가을이 되면 왜 나무는 옷을 갈아입죠? 152
68 잠자던 바이러스가 깨어났다 154
69 190살 할아버지 거북이의 생일날 156
70 우주에서 가장 예쁜 토성 고리 나이는 몇 살? 158
71 석탄 가라! 태양광 에너지가 오신다! 160
72 누가 누가 먼저 달에 가나! 162
73 맛있는 귤의 정체를 밝혀라! 164
74 어린 시절의 나와 이야기를 나눌 수 있다면 166
75 공룡은 무얼 먹고 살았을까? 168
76 다누리가 찍어 보낸 달과 지구의 모습 170
77 조심! 우주쓰레기가 머리 위로 떨어질지도 몰라요 172
78 희귀해서 희토류라 부르지요 174
79 챗GPT, 너 대체 얼마나 똑똑한 거야? 176

PART 5. 환경

80 스위스 빙하가 녹고 있어요 180

81 아마존 우림을 지켜 주세요 182

82 마음껏 먹을 수 없게 된다면? 184

83 우리 몸속에 플라스틱이 들어 있다고요? 186

84 우리가 지켜야 할 마지막 온도, 1.5도의 비밀 188

85 페트병으로 만든 옷 입어 본 사람, 손! 190

86 크리스마스트리 멸종 사건 192

87 산호초를 지키세요 vs 우리가 알아서 할게요 194

88 추워도 너무 추운 겨울왕국이 찾아온 이유는 196

89 아프리카 열대우림에서 사는 뱀이 제주도에 나타났어요 198

90 동물들의 속마음을 아시나요? 200

91 미역은 든든한 지구 수호대 202

92 소금호수가 사라지고 있어요 204

93 지금, 오존층은 건강 회복 중 206

94 선인장이 알프스를 찾아온 까닭은 208

95 조용한 팬데믹, 슈퍼버그가 밀려온다 210

96 해운대가 사라질지도 모른다니 이게 무슨 말이죠? 212

97 실내는 공기오염으로부터 안전할 거라는 착각 214

98 쓰고 버린 마스크가 위험하다! 216

99 그녀의 이름은 그레타 툰베리 218

100 밤이 밤다울 수 있도록 어둠을 지켜 주세요 220

정답 222

신문어휘사전(수록 어휘: 523) 224

일러두기

* 본 책에 나온 기사는 2022년 6월부터 2023년 3월까지 국민일보, 내셔널지오그래픽, 동아사이언스, 동아일보, 매일경제, 세계일보, 조선일보, 오마이뉴스, 연합뉴스, 한국경제, 한국일보, 한겨레에서 다룬 기사를 참조하여 재구성했습니다.

* 신문 어휘 뜻풀이는 표준국어대사전과 고려대 한국어대사전 그리고 한국어기초사전을 참조했습니다.

* 본 책에 삽입된 출처 표시가 없는 사진은 직접 찍은 사진 및 위키미디어와 픽사베이에서 제공하는 이미지로, 저작권이 없는 자유 이용 저작물입니다. 그 외 이미지는 미리캔버스에서 무료로 제공하는 디자인 요소를 결합하여 직접 제작했습니다.

01

경제

01 포켓몬빵 띠부씰의 진실
02 사탕 없는 핼러윈은 핼러윈이 아닌데요
03 다른 건 안 팔려도 콜라는 잘 팔려요
04 잘 가요. 내일부터는 회사에 나오지 마세요
05 미국부터 보호할 거야. 미국이 제일 중요해
06 경제가 휘청, 회색코뿔소가 달려오고 있어요
07 한국에 따라잡힌 일본 경제
08 사라진 붕어빵 찾아 삼만리
09 총성 없는 종자전쟁의 시작
10 아직 버리지 마세요. 소비기한은 남았거든요!

11 어서오세요, 여기는 사람 없는 맥도날드입니다
12 새로 산 물건인데 자꾸 고장이 난다면
13 환경도 경제도 지키는 공정무역
14 우리는 체리만 따 먹는 사람이 아니에요
15 삐뽀삐뽀! 위기에 처한 나라들이 많아졌어요
16 가뭄에 기저귀 가격이 오른다?

1
포켓몬빵 띠부씰의 진실

배경 지식

- 희소성: '희소'는 매우 적다는 뜻이에요. '희소성'은 사람들이 가지고 싶은 물건이 부족한 상태를 말해요. 사람들이 가지고 싶은 물건이 부족할수록 그 물건의 가치가 더 높아져요. 희소성이 높으면 물건값이 비싸고요, 희소성이 낮으면 물건값이 싸요.

신문 읽기

포켓몬빵이 들어오는 시간에 맞춰 동네 편의점 앞에 줄을 서서 기다리는 사람들을 흔히 볼 수 있어요. 특별한 띠부씰의 경우, 빵보다 훨씬 비싼 가격으로 중고 시장에서 팔리기도 하죠. 포켓몬빵을 향한 사람들의 열기, 왜 이렇게 뜨거울까요?

사진 설명: 포켓몬빵

띠부씰을 모으는 재미가 쏠쏠해요

포켓몬빵을 사면 띠부씰을 얻을 수 있는데요, 포장을 뜯어보기 전까지는 어떤 띠부씰이 들어 있는지 알 수 없어요. 이런 '불확실성'은 사람들을 흥분시키고 더 즐겁게 해 준대요. 열어 봐야 알 수 있는 띠부씰의 정체! 원하는 띠부씰이 들어 있을 때의 짜릿함! 이것이 바로 포켓몬빵의 매력인 것이죠.

특별한 띠부씰을 가질 때까지 계속 사게 되는 포켓몬빵

포켓몬빵에 들어 있는 띠부씰은 총 159가지인데, 몇몇 띠부씰은 처음부터 적게 만들었기 때문에 구하기가 힘들어요. 또 희소한 띠부씰은 중고 시장에서

빵 가격의 20배 이상의 가격에 팔린대요. 특별한 띠부씰의 양은 적고, 이것을 가지고 싶은 사람들은 많으니 몇몇 띠부씰의 값이 비싸진 것이지요. **희소성**의 법칙이 여기에도 적용이 되었어요. 그런데 요즘 인기 많은 띠부씰을 가지기 위해 포켓몬빵을 많이 사서 빵은 버리고 스티커만 가지려는 사람들이 늘어가고 있대요. 이런 현상, 어떻게 생각하세요?

정리하기

◎ 다음 빈칸을 채우세요.

☐☐☐ 은 사람들이 가지고 싶은 물건이 적은 상태예요.

◎ 맞으면 O, 틀리면 X 하세요.
1. 특별한 띠부씰은 중고 시장에서 싸게 팔아요. ☐
2. 포켓몬빵의 매력은 무슨 띠부씰이 들어 있는지 알 수 있는 것에 있어요. ☐
3. 포켓몬빵을 사서 빵은 버리고 띠부씰만 가지는 사람이 많아졌대요. ☐

◎ 신문 어휘 풀이
- 열기: 뜨거운 기운
- 불확실성: 분명하거나 확실하지 않은 상태
- 정체: 원래의 생김새, 모양
- 희소하다: 매우 적다
- 현상: 나타나 보이는 현재의 상태

토론하기

Q1. 띠부씰을 가지려고 빵이나 젤리를 사고서 정작 음식은 먹지 않은 적이 있어요?

Q2. 이런 사람들이 늘어 간다면 어떻게 될까요? 이런 현상에 대해 어떻게 생각해요?

2. 사탕 없는 핼러윈은 핼러윈이 아닌데요

배경 지식

- **인플레이션**: 돈의 가치가 떨어져서 물건의 값이 계속 오르는 경제 현상을 말해요.
- **스티커 쇼크(sticker shock)**: 물건값이 너무 많이 올라 물건에 붙은 가격표를 보고 사람들이 놀라서 물건을 사지 못하는 현상을 말해요.

신문 읽기

미국 신문사 월스트리트저널(WSJ)은 올해 미국인들이 사탕 없는 핼러윈을 맞이하게 될 거라고 말했어요. 핼러윈에 사탕이 없다니 이게 무슨 말인가요?

사진 설명: 핼러윈 파티

핼러윈에 사탕이 없는 이유가 뭐죠?

미국 노동부에 따르면 2022년 9월 기준 미국 **물가**는 2021년보다 8.2% 올라 지난 40년간 **최고치를 기록했다**고 해요. 이런 **인플레이션** 현상은 사탕 가격에까지 **영향**을 미쳤어요. 사탕 및 껌 가격은 2021년보다 13.1%가 올랐는데, 이렇게 빠른 속도로 가격이 오른 것은 처음이라고 해요. 밀가루, 설탕, 우유 등 사탕 재료 가격이 모두 오르면서 사탕값도 비싸진 거죠.

그래서 정말 핼러윈에 사탕을 사지 않겠다고요?

미국 사람들은 비싸진 사탕을 살 것이냐, 사탕 없는 핼러윈을 보낼 것이냐의 고민에 빠졌어요. 많은 미국 사람들이 마트의 사탕 코너에서 '스티커 쇼크'를 겪었대요. 스티커 쇼크란 물건의 가격표를 본 사람들이 충격을 받을 정도로 가격이 올랐다는 말이에요. 그래서 미국인들의 25%는 작년보다 사탕을 조금밖에 살 수 없다고 답했어요.

정리하기

◎ 다음 빈칸을 채우세요.

물건값이 계속 오르는 경제 현상을 □□□□ 이라고 해요.

◎ 맞으면 O, 틀리면 X 하세요.

1. 미국의 물가가 많이 올랐어요. □
2. 사탕 가격은 다행히 인플레이션의 영향을 받지 않았어요. □
3. 미국인의 25%는 가격이 올라 사탕을 많이 살 수 없다고 했어요. □

◎ 신문 어휘 풀이

- **물가**: 물건의 값
- **최고치**: 어떤 값 가운데 가장 높은 값
- **기록하다**: 주로 다음에 남길 목적으로 어떤 사실을 적다
- **영향**: 어떤 사물의 효과가 다른 것에 미치는 일

토론하기

Q. 물가가 오르면 어떤 점이 나쁠 것 같아요?

3
다른 건 안 팔려도 콜라는 잘 팔려요

배경 지식

- 경기: 물건을 사고팔 때 나타나는 좋거나 나쁜 경제 활동 상태예요.
- 불황: 경제 활동이 나빠지는 상태를 말해요. 불황 때는 물건값이 내리고 사람들이 일한 뒤 받는 돈이 줄거나 일자리를 잃는 사람들이 늘어나요.

신문 읽기

경기가 나빠지면 사람들은 돈을 아끼게 돼요. 예전보다 돈을 적게 벌거나 일자리를 잃게 되기도 하니까요. 그런데 콜라만큼은 경기 불황에도 더 많이 팔린대요. 왜 그럴까요?

사진 설명: 코카콜라

맛있으니까 많이 팔리겠죠?

물론 콜라는 맛있어요. 하지만 여러 음료 중 콜라가 불황 중에도 잘 팔리는 것은 그저 맛있어서만은 아니에요. 그 해답은 바로 가격에서 찾을 수 있는데요, 주스나 우유와 같은 다른 음료에 비해서 콜라와 사이다가 가장 싸기 때문이에요. 경기 불황으로 지갑이 얇아진 소비자들이 그나마 부담 없이 살 수 있는 것이죠.

햄버거도 잘 팔린다는데

콜라와 마찬가지로 경기 불황에 햄버거도 잘 팔린대요. 미국에서는 맥도날드 가격이 10% 올랐음에도 불구하고 지난해보다 6%나 더 많이 팔렸대요. 경기 불황으로 인해 소비자의 주머니가 가벼워질수록 맥도날드와 같은 저렴한 패스트푸드점으로 사람들이 향하기 때문이에요. 경기 불황에는 비싼 음식 대신 햄버거, 콜라와 같은 저렴한 음식을 많이 먹어요. 이처럼 사람들의 소비 습관을 보면 요즘의 경기가 어떤지 알 수 있답니다.

정리하기

◎ 다음 빈칸을 채우세요
　□□ 은 경제 활동이 나빠지는 상태를 말해요.

◎ 맞으면 O, 틀리면 X 하세요.
1. 불황에 콜라가 잘 팔리는 것은 다른 음료보다 콜라가 맛있기 때문이에요. □
2. 미국에서는 맥도날드 햄버거 가격이 올라서 햄버거가 잘 팔리지 않았어요. □
3. 사람들의 주머니가 가벼울수록 저렴한 음식을 먹으러 가요. □

◎ 신문 어휘 풀이
- 지갑이 얇다: 경제적으로 여유롭지 않다
- 소비자: 돈이나 물건, 시간 등을 쓰는 사람
- 부담: 어떠한 의무나 책임을 짐
- 주머니가 가볍다: 가지고 있는 돈이 적다
- 저렴하다: 물건 따위의 값이 싸다

토론하기

Q. 경기 불황이라도 잘 팔리는 물건들은 어떤 게 있을까요?

4

잘 가요. 내일부터는 회사에 나오지 마세요

배경 지식

- 빅테크: 구글, 아마존, 메타, 애플, 마이크로소프트 같은 대형 정보기술(IT) 기업을 뜻하는 말이에요.
- 구조조정: 기업이 경기나 환경에 대응해서 효율적으로 기업을 운영하기 위해 일어나 직원 수를 줄이는 것을 말해요.
- 정리해고: 상황이 나빠진 기업이 구조조정을 할 때 직원을 해고하는 것을 말해요.

신문 읽기

애플과 구글, 아마존, 페이스북(메타) 등 실리콘밸리의 빅테크 기업들이 경기 침체로 어려움을 겪게 되자, 빅테크 기업들은 직원들에게 대규모 해고 통보를 하기 시작했어요.

아마존의 구조조정이 시작되었어요

2023년 1월부터 아마존은 1만 8,000명 규모의 정리해고를 시작했어요. 이러한 해고 규모는 아마존 28년 역사상 가장 큰 규모의 구조조정이에요. 예상보다 2배 가까이 많은 사람들을 해고하게 됐어요. 팬데믹 이후 사람들의 쇼핑 방식이 바뀌었고 미국의 경기 침체가 심해졌기 때문이에요.

MS에서도 사람들을 해고하고 있어요

마이크로소프트(MS)도 상반기에 전체 직원의 5%에 해당하는 직원 1만 명을 해고하겠다고 밝혔어요. MS는 지난해 10월 1,000명 정도의 직원만을 해고했지만, 올해는 사정이 달라졌어요. MS 최고경영자(CEO)는 팬데믹 중에는 고객들이 디지털 제품을 많이 샀지만, 이제는 경기침체와 더불어 전자제품에 대한 **수요**가 줄었다고 말했어요. 빅테크 기업들은 팬데믹 상황에서 **호황**을 누렸지만 올해는 경기침체로 타격을 받을 것으로 **전망했어요**. 아마존을 포함해 지난 한 해 동안 빅테크 기업에 다니다가 직장을 잃은 사람은 15만 명 정도가 된다고 해요.

정리하기

◎ 다음 빈칸을 채우세요

아마존은 경기침체로 1만 8,000명의 직원들을 [　　　] 했어요.

◎ 맞으면 O, 틀리면 X 하세요.

1. 아마존은 작년보다 적은 수의 직원들을 해고했어요. [　]
2. 마이크로소프트 회사도 직원들을 해고했어요. [　]
3. 빅테크 기업들이 직원들을 해고하는 이유는 경기가 나빠졌기 때문이에요. [　]

◎ 신문 어휘 풀이

- **경기침체**: 경제 활동 상태가 앞으로 나아가지 못하고 제자리에 머무름
- **대규모**: 넓고 큰 범위나 크기
- **해고**: 직원을 직장이나 일터에서 내보냄
- **통보하다**: 다른 사람에게 알려 주다
- **상반기**: 한 해를 둘로 나눌 때 앞의 절반 기간
- **수요**: 어떤 물품을 사려고 하는 욕구
- **호황**: 경기가 좋은 상황
- **전망하다**: 앞날을 미리 생각해 보다

토론하기

Q. 경기침체 때 회사는 왜 사람들을 해고할까요?

5

미국부터 보호할 거야. 미국이 제일 중요해.

배경 지식

- **보조금**: 나라에서 특정 산업을 키우기 위해 기업이나 개인에게 주는 돈이에요.
- **무역**: 나라 간의 물건을 사고팔고 교환하는 일이에요.
- **보호무역**: 자기 나라의 산업만을 보호하려고 여러 가지 법을 만들어서 하는 무역이에요.

신문 읽기

유럽의 전기자동차 기업들이 미국으로 공장을 옮기기 시작했어요. 왜 유럽에서 만들던 자동차를 미국에 가서 만들려고 할까요?

사진 설명: 미국 바이든 대통령

자동차 기업들이 미국으로 가는 이유는 보조금 때문이에요

미국 바이든 대통령은 미국에서 만든 배터리를 쓴 전기자동차에만 **보조금**을 주겠다고 말했어요. 이는 미국에서 만든 배터리를 쓴 자동차 **구매자**들만이 보조금을 받을 수 있다는 말이에요. 이렇게 되면 미국 소비자들은 당연히 '미국'에서 만든 배터리를 쓴 자동차를 사게 되겠죠? 그럼 다른 나라에서 만든 배터리를 이용한 자동차들, 즉 유럽이나 한국산 자동차들은 미국에서 많이 팔리지 않을 거예요.

유럽과 한국 자동차 회사들은 미국의 보조금에 대해 반대하고 있어요

유럽은 바이든 정부가 미국 산업을 키우기 위해서 중국처럼 이기적인 방법을 쓰고 있다고 **비판했어요**. 과거 중국에서는 자기 나라에서 만든 상품에만 다양한 **지원**을 했거든요. 또한 유럽의 자동차 공장들을 미국으로 옮기게 되면 미국 **노동자**들만 일자리를 얻고 다른 나라 자동차 회사에서 일했던 노동자들은 일자리를 잃게 될 거예요. 미국의 이런 결정은 자기 나라의 **성장**만을 위하는 '**보호무역**'이라고 볼 수 있어요.

정리하기

◎ 다음 빈칸을 채우세요
미국은 자기 나라의 성장만을 위하는 무역을 하고 있어요.
이것을 ☐☐☐☐ 이라고 해요.

◎ 맞으면 O, 틀리면 X 하세요.
1. 유럽의 전기자동차 기업들이 미국으로 공장을 옮기고 있어요. ☐
2. 미국 바이든 대통령은 모든 자동차에 보조금을 주겠다고 했어요. ☐
3. 유럽 자동차 공장을 미국으로 옮기면 유럽 자동차 회사 노동자는 일자리를 잃어요. ☐

◎ 신문 어휘 풀이
- **구매자**: 물건을 사는 사람
- **비판하다**: 현상이나 사물의 옳고 그름을 판단하여 밝히거나 잘못된 점을 지적하다
- **지원**: 지지하며 도움
- **노동자**: 일을 한 대가로 임금을 받아 생활을 유지하는 사람
- **성장**: 사물의 규모가 커지거나 그 세력이 이전보다 늘어남

토론하기

Q. 보호무역을 하면 안 되는 이유가 뭘까요?

6
경제가 휘청, 회색코뿔소가 달려오고 있어요

배경 지식

- 금리인상: 빌려준 돈에 대한 이자나 이율을 전보다 올리는 것을 말해요.
- 가계부채: 한 가정이 은행이나 다른 사람에게 빌려서 생긴 빚을 말해요.

신문 읽기

경제 분야에는 동물들을 비유한 표현들이 종종 등장해요. 어떤 말들이 있을까요?

사진 설명: 회색코뿔소

회색코뿔소가 달려온다

회색코뿔소는 몸집이 커서 보통 멀리서도 잘 보여요. 그러니까 코뿔소는 저 멀리서부터 위험하다는 신호를 보내는 거지요. 하지만 사람들은 코뿔소를 보고도 어떻게 해야 할지 몰라 머뭇머뭇하는데요, 사람들이 멈칫거리는 순간 코뿔소는 순식간에 달려와 공격해요. 이처럼 위험이 들이닥칠 거라는 것을 미리 알았지만 이를 무시하거나 제대로 대응하지 못해 큰 위험에 처하는 상황을 '회색코뿔소'라고 해요.

회색코뿔소의 반대말은 블랙스완

블랙스완은 검은 백조를 말해요. 옛날 사람들은 검은 백조는 세상에 절대 없을 거라고 생각했죠. 그런데 1697년, 네덜란드의 한 탐험가가 우연히 검은 백조를 발견하게 됐어요. 전혀 예측하지 못했는데 갑자기 검은 백조를 발견한 것처럼, '블랙스완'이라는 말은 도저히 상상할 수 없었던 일이 일어나 큰 충격을 주는 것을 말해요. 코로나19 사태로 전 세계의 경제가 나빠지고 있다는 위험 신호가 여기저기서 발견되고 있어요. **금리**가 급격히 오르고 **가계부채**가 커지는 것이 그 증거예요. 한국 경제도 휘청, 회색코뿔소가 지금 달려오는 중인지도 몰라요.

정리하기

◎ 다음 빈칸을 채우세요

위험이 들이닥칠 거라는 것을 알았지만 이를 무시하거나 제대로 대응하지 못해서 큰 위험에 처하는 상황을 ☐☐☐☐☐ 라고 해요.

◎ 맞으면 O, 틀리면 X 하세요.

1. 사람들이 미리 위험을 알아채고 잘 대응하는 것을 회색코뿔소라고 해요. ☐
2. 도저히 상상할 수 없었던 일이 일어나 큰 충격을 주는 것을 블랙스완이라고 해요. ☐
3. 코로나19 사태로 금리가 오르고 가계부채가 커지고 있어요. ☐

◎ 신문 어휘 풀이

- **머뭇머뭇하다**: 말이나 행동 따위를 선뜻 결단하여 행하지 못하고 자꾸 망설이다
- **멈칫거리다**: 하던 일이나 동작을 갑자기 멈추는 행동을 자꾸 하다
- **대응하다**: 어떤 일이나 상황에 알맞게 행동하다
- **탐험가**: 위험을 무릅쓰고 어떤 곳을 찾아가서 살펴보고 조사하는 일을 전문으로 하는 사람

토론하기

Q1. 회색코뿔소와 블랙스완에 대해 설명해 보세요.

Q2. 위와 같은 상황을 경험한 적이 있어요? 언제 사용할 수 있을까요?

7 한국에 따라잡힌 일본 경제

배경 지식

- **1인당 국내총생산(GDP)**: 한 나라가 1년 동안 생산한 총생산물의 가치를 인구수로 나눈 것을 말해요.
- **엔저 현상**: 일본 돈의 단위인 엔화의 가치가 떨어지는 현상
- **고령화**: 전체 인구에서 차지하는 고령자 비율이 높아지는 것을 말해요.

신문 읽기

지금까지 동아시아에서 일본이 1인당 국내총생산(GDP)이 가장 높았었는데요, 이제 곧 한국이 일본을 따라잡을 거라고 해요.

2023년에는 한국이 일본을 앞서요

사진 설명: 한국과 일본의 국기

일본의 한 연구기관에서 한국의 1인당 국내총생산(GDP)이 2023년에 일본을 앞지를 것이라고 전망했어요. 한국이 일본을 앞서는 때가 2027년일 것이라고 예상했지만 그 시기가 4년이나 당겨졌어요. 2022년에는 대만에, 2023년에는 한국에 차례로 추월당하면서 아시아 대표 경제 대국이었던 일본의 위치가 흔들리게 됐어요.

한국이 일본을 예상보다 빨리 앞서게 된 이유는

일본은 한국과 대만에 비해 디지털 사회로의 전환이 늦어졌기 때문이에요. 디지털화가 늦어지면서 국가 성장 속도가 늦어졌고 세계 1위의 고령화율도 일본 경제 발전 속도를 둔화시키는 요인이 되었어요. 지난해부터 엔저 현상이 심해진 것도 그 이유 중의 하나예요. 2021년 말부터 2022년 11월 말까지 엔화 가

치는 무려 20%나 떨어졌어요. 일본에서는 한국의 1인당 GDP **역**전이 일시적인 것이 아니라 중장기적인 현상일 것으로 보고 있어요.

정리하기

◎ 다음 빈칸을 채우세요

1인당 ☐☐☐☐ 은 한 나라가 1년 동안 생산한 총생산물의 가치를 인구 수로 나눈 것을 말해요.

◎ 맞으면 O, 틀리면 X 하세요.

1. 한국의 1인당 국내총생산이 2023년에 일본보다 더 높아질 거예요. ☐
2. 일본은 디지털 사회로 빨리 전환했지만 실패했어요. ☐
3. 한국의 1인당 GDP가 일본을 앞지른 것은 잠시 생겨난 현상이에요. ☐

◎ 신문 어휘 풀이

- 앞지르다: 남보다 빨리 가서 앞을 차지하거나 어떤 동작을 먼저 하다
- 전망하다: 앞날을 헤아려 내다보다
- 추월: 뒤에서 따라잡아서 앞의 것보다 먼저 나아감
- 대국: 국력이 강하거나 국토가 넓은 나라
- 전환: 다른 방향이나 상태로 바뀌거나 바꿈
- 둔화시키다: 느리게 만들다
- 역전: 경기의 흐름이 반대 상황으로 뒤집힘
- 일시적: 잠시 일어나거나 나타나는 것
- 중장기적: 기간이 중간쯤 되거나 긴 것

토론하기

Q. 일본이 한국보다 뒤처지게 된 이유 세 가지를 설명해 보세요.

8 사라진 붕어빵 찾아 삼만리

배경 지식

✓ **물가상승**: 여러 가지 물건의 평균적인 가격이 올라감

신문 읽기

한국의 대표적인 겨울 간식인 붕어빵을 파는 가게를 올겨울엔 찾아보기 어렵다고 해요. 어디로, 왜 사라진 걸까요?

사진 설명: 붕어빵

붕어빵 재료 가격이 너무 많이 올랐어요

2021년에는 3개에 1000원 하던 붕어빵이 2022년에는 2개에 1000원으로 올랐어요. 지역에 따라서는 1마리에 1000원인 경우도 있어요. 붕어빵 가격이 이렇게 오른 것은 식용유, 밀가루, 단팥 소와 같은 원재료 가격 상승 때문이에요. 붕어빵에 들어가는 재료의 가격을 조사한 결과 5년 전보다 평균 49.2%, 지난해보다 18.4%가 올랐다고 해요. 기본 재료비가 비싸니 마진이 적어 장사를 접는 상인들도 많아졌어요.

붕어빵 찾아 삼만리

김이 모락모락 나는 붕어빵을 먹고 싶은 사람들은 붕어빵 가게가 있는 곳이라면 어디든 찾아간다고 해요. 붕어빵 가게를 찾기 힘든 요즘에는 붕어빵의 노점 위치를 알려 주는 앱이 개발되기도 했어요. 종로의 한 시장에 있는 붕어빵 가게는 가게가 문을 여는 낮 12시 이전부터 사람들이 줄을 서기 시작해 오후

4시가 되면 다 팔린대요. 전에는 일자리를 잃은 **실업자**들이 붕어빵 장사에 나설 때가 많았어요. 그래서 붕어빵 가게가 많이 생기는 것은 **불황**을 보여 주는 표시라고 생각했어요. 그러나 이제는 이때보다 사정이 더 나빠져 붕어빵 가게가 줄줄이 문을 닫거나 아예 열리지 않고 있어요.

정리하기

◎ 다음 빈칸을 채우세요
여러 가지 물건의 가격이 오르는 것을 ☐☐☐ 이라고 해요.

◎ 맞으면 O, 틀리면 X 하세요.
1. 붕어빵 가격이 오른 것은 식용유, 밀가루 등의 재료 값이 올랐기 때문이에요. ☐
2. 붕어빵 가격이 올라서 붕어빵 가게를 하려는 사람이 늘었어요. ☐
3. 붕어빵 가게를 찾으려는 사람들을 위해 앱이 개발되었어요. ☐

◎ 신문 어휘 풀이
- **원재료**: 기본이 되는 재료
- **상승**: 낮은 데서 위로 올라감
- **마진**: 원가와 판매하는 가격 사이의 차액
- **노점**: 길가에 물건을 벌여 놓고 장사하는 곳
- **실업자**: 직업이 없는 사람
- **불황**: 경제 활동이 제자리에 머물러 있는 상태

토론하기

Q. 지난겨울에 붕어빵을 먹었어요? 여러분 집 근처에 붕어빵 가게가 있어요? 얼마였어요?

9 총성 없는 종자전쟁의 시작

배경 지식

● **종자전쟁:** 종자는 씨앗을 말하는데요, 어떤 식물을 키우기 위해서는 그 종자를 개발했거나 종자에 대한 권리를 가진 나라에 돈을 내고 씨앗을 사와야 해요. 이때 종자에 대한 권리를 특정 나라나 기업이 혼자서 차지해, 서로 싸우게 되는 것을 종자전쟁이라고 말해요.

신문 읽기

사진 설명: 종자

종자전쟁, 그러니까 야채와 과일의 씨앗 전쟁이 그 어느 때보다도 **치열해졌어요**. 종자전쟁은 왜 하는 걸까요?

우리가 먹는 야채와 채소의 씨앗 값이 금값보다 비싸요

우리가 지금 먹고 있는 과일과 채소의 씨앗은 일본과 네덜란드에서 사 오고 있어요. 1년에 이들 씨앗을 사는 데 드는 비용은 약 1,400억 원 정도가 된다고 해요. 파프리카의 경우, **종자** 1g에 12만 원 정도라고 해요. 이는 금값의 5배 정도예요. 우리가 자주 먹는 감귤, 포도, 배, 양파, 토마토 등의 종자 역시 모두 비싼 값을 내고 해외에서 사 오고 있어요.

우리 종자를 보호하고 키우겠다는 관심을 가져야 할 때예요

종자를 허락 없이 함부로 썼다가는 종자에 대한 **권리**를 가진 국가나 기업과 **소송**에 휘말려 큰 손해를 입을 수도 있어요. 또한 세계 각국은 기후 위기로 멸종되는 **품종**을 지키려고 애쓰고 있어요. 자기 나라 품종을 많이 가질수록 경제적인 이득을 볼 수 있기 때문에 자기 나라의 품종을 지키려는 소리 없는 종자 전쟁이 시작된 것이죠. 우리나라는 아직 종자 **보존**과 연구에 대한 **투자**가 **미비한** 상태예요. 전 세계가 각국의 종자를 지키려고 애쓰는 지금, 사람들이 좋아하는 품종을 중심으로 종자를 개발하고 국산화 **비율**을 높이려는 노력을 기울여야 할 때예요.

정리하기

◎ 다음 빈칸을 채우세요.

☐☐☐ 은 종자를 개발하거나 사고파는 문제를 두고 나라나 기업 간에 다툼이 벌어지는 것을 말해요.

◎ 맞으면 O, 틀리면 X 하세요.

1. 우리가 자주 먹는 채소나 과일은 우리나라의 씨앗을 심어 키운 것이에요. ☐
2. 자기 나라 종자를 많이 가지고 있을수록 경제적인 이득이 커져요. ☐
3. 한국은 종자를 보존하고 품종을 개발하려는 노력을 많이 하고 있어요. ☐

◎ 신문 어휘 풀이

- **치열하다**: 기세나 세력 등이 타오르는 불꽃같이 몹시 사납고 세차다
- **종자**: 식물에서 나온 씨 또는 씨앗
- **권리**: 어떤 일을 하거나 다른 사람에게 요구할 수 있는 정당한 힘이나 자격
- **소송**: 사람들 사이에 일어난 다툼을 법에 따라 판결해 달라고 법원에 요구함
- **품종**: 물품의 종류
- **보존**: 잘 보호하여 남김
- **투자**: 어떤 일이나 사업에 돈을 대거나 시간이나 정성을 쏟음
- **미비하다**: 아직 다 갖추지 못한 상태에 있다
- **비율**: 다른 수나 양에 대한 어떤 수나 양의 비(比)

토론하기

Q. 종자전쟁이 뭐예요? 종자전쟁에서 이기려면 어떻게 해야 해요?

10

아직 버리지 마세요. 소비기한은 남았거든요!

배경 지식

- **유통기한**: 상품을 시중에 팔 수 있는 기한을 말해요.
- **소비기한**: 소비자가 식품을 안전하게 먹을 수 있는 기한을 말해요.

신문 읽기

23년부터 식품에 유통기한을 써놓는 대신 소비기한을 쓰게 됐어요. 1985년 유통기한이 도입된 후 38년 만의 변화예요.

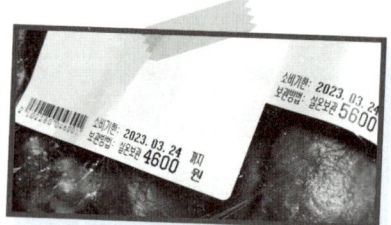

사진 설명: 소비기한

유통기한 대신 소비기한을 쓰는 이유는요…

사람들이 유통기한이 지난 식품을 상했다고 오해하기 때문이에요. 유통기한은 제품이 만들어진 날로부터 소비자에게 판매될 수 있는 기한을 말해요. 반면 소비기한은 소비자가 제품을 안전하게 먹을 수 있는 기한을 뜻하는데, 보통 유통기한보다 20~50% 더 길어요. 식품이 올바르게 보관될 경우, 유통기한이 지났어도 소비기한 안에 섭취한다면 아무런 문제가 없어요. 또한 일본, 미국, 호주 등 경제협력개발기구(OECD)의 대부분 국가들은 소비기한을 사용하고 있어요.

소비기한을 쓰면 좋은 점은

그동안 유통기한이 지났다고 버려졌던 음식물쓰레기가 줄어들 것이라는 점이에요. 한국에서만 버려진 음식물쓰레기를 처리하는 데에 1년에 1조 960억 원이 들었다고 해요. 음식물쓰레기가 줄어들면 처리 비용을 아낄 수 있을 거예요. 또한 소비기한을 사용하게 되면 그동안 유통기한이 지났다는 이유로 버렸던 음식을 버리지 않고 먹게 되어 소비자들도 음식을 사는 데 드는 돈을 절약하게 될 거예요. 효과는 이뿐만이 아니에요. 음식물쓰레기는 환경에도 **악영향**을 미쳤어요. 음식물쓰레기가 만드는 온실가스는 전 세계 쓰레기 **배출량**의 약 10%를 **차지했기** 때문이에요. 음식물쓰레기가 줄어들면 탄소 배출이 줄어들고, 이는 자연스럽게 환경오염을 줄이는 데 큰 도움을 줄 거예요.

정리하기

◎ 다음 빈칸을 채우세요

☐☐☐☐ 은 소비자가 안전하게 식품을 먹을 수 있는 기한을 말해요.

◎ 맞으면 O, 틀리면 X 하세요.

1. 유통기한이 지난 제품은 먹으면 배탈이 나요. ☐
2. 소비기한은 유통기한보다 20~50% 더 길어요. ☐
3. 소비기한을 사용하게 되면 음식물쓰레기가 줄어들어 환경오염을 줄여요. ☐

◎ 신문 어휘 풀이

- **도입**: 기술, 방법 등을 들여와 시작함
- **판매하다**: 상품을 팔다
- **섭취하다**: 영양소를 몸 안으로 받아들이다
- **처리하다**: 어떤 일을 순서에 따라 정리하여 마무리하다
- **비용**: 어떤 일을 하는 데 드는 돈
- **악영향**: 나쁜 영향
- **배출량**: 안에서 만들어진 것이 밖으로 밀려 내보내지는 양
- **차지하다**: 사물이나 공간, 지위 따위를 자기 몫으로 가지다

토론하기

Q. 유통기한을 사용하는 것보다 소비기한을 사용하는 것이 더 좋은 이유에 대해서 설명해 보세요.

11

어서오세요, 여기는 사람 없는 맥도날드입니다

배경 지식

- **키오스크**: 공공장소에 설치된 무인 정보 단말기를 말해요. 은행, 백화점, 전시장, 식당, 커피숍 등에 있는데요, 스크린을 터치하는 방법으로 음식을 주문하거나 알고 싶은 정보를 찾아요.
- **드라이브스루**: 자동차에 탄 채로 쇼핑할 수 있는 상점을 말해요.

신문 읽기

사진 설명: 맥도날드 키오스크

코로나19로 사람들이 식당과 카페에서 음식을 주문할 때 키오스크와 드라이브스루를 이용하는 경우가 많아졌어요.

키오스크와 드라이브스루가 여기저기 생겨나고 있어요

키오스크 앞에 서서 음식을 고르고 주문하는 사람들. 요즘 식당이나 카페에 가면 흔히 볼 수 있는 풍경이에요. 주문받는 역할을 사람 대신 키오스크가 맡게 된 것이죠. 키오스크에 이어 이제는 드라이브스루도 인기를 얻고 있어요. 드라이브스루는 차 안에서 편하게 기다렸다가 음식을 받을 수 있다는 장점이 있어요. 미국에서 드라이브스루를 가장 활발하게 이용하고 있는 대표적인 곳이 맥도날드인데요, 미국 텍사스에 사람이 없는 맥도날드 **매장**이 처음으로 생겼어요. 이곳에서는 주문 확인부터 음식 조리까지 모든 과정을 기계가 맡아요. 키오스크로 주문을 넣고 컨베이어 벨트로 음식을 받게 되어요.

키오스크와 드라이브스루, 편하다고 마냥 좋다고 하기에는…

사람들의 <u>일자리</u>가 줄어든다는 문제점이 있어요. 주문받고 음식을 가져다주는 역할을 모두 기계가 하게 되었기 때문이죠. 실제로 미국의 맥도날드는 최근 매장 수는 늘렸지만, 오히려 직원 수는 줄이겠다고 말했어요. 드라이브스루 주문을 더 늘리기 위해서 말이죠. 키오스크와 드라이브스루가 늘어 가는 <u>현상</u>에 대해 '빠르고 간편한 서비스를 좋아하는 사람들의 선택'이라고 생각하는 사람들도 있고, '일자리가 줄어들 것은 <u>불 보듯 뻔한</u> 일'이라고 보는 사람들도 있어요. 빠르게 변하는 사회 속에서 우리는 어떤 <u>입장</u>을 취해야 할까요?

정리하기

◎ 다음 빈칸을 채우세요
요즘은 식당에서 음식을 주문할 때 ☐☐☐☐를 이용할 때가 많아요.

◎ 맞으면 O, 틀리면 X 하세요.
1. 미국 텍사스에서 사람이 없는 맥도날드 매장이 생겼어요. ☐
2. 미국 맥도날드는 드라이브스루 주문을 늘리기 위해 직원 수를 늘렸어요. ☐
3. 키오스크나 드라이브스루 때문에 사람들의 일자리가 줄어들어요. ☐

◎ 신문 어휘 풀이
- 매장: 물건을 파는 장소
- 일자리: 생계를 꾸려 나갈 수 있는 수단으로서의 직업
- 현상: 나타나 보이는 현재의 상태
- 불 보듯 뻔하다: 앞으로 어떻게 될지 의심할 것 없이 아주 명백하다
- 입장: 바로 눈앞에 처하고 있는 처지나 상황

토론하기

Q. 키오스크를 사용하는 것에 대해서 찬반 토론을 해 보세요.

12

새로 산 물건인데 자꾸 고장이 난다면

배경 지식

- **가격탄력성:** 가격탄력성이란 상품의 가격이 변화할 때 물건을 사려고 하는 사람들의 수가 어떻게 달라지는지 나타내는 지표를 말해요. 상품의 가격이 상승하면 물건을 사려는 사람은 줄고, 상품의 가격이 하락하면 물건을 사려는 사람은 늘어요. 즉, 가격탄력성은 가격이 1% 증가 또는 하락했을 때 수요량은 몇 % 달라지는가를 나타내는 크기예요.

신문 읽기

산 지 얼마 되지 않은 전자제품이 쉽게 고장 나거나 지난달 샀던 옷이 금방 해졌던 경험, 해 보셨나요? 분명 기술은 점점 더 좋아지고 있는데 우리가 제품을 사용할 수 있는 기간은 점차 줄어들고 있어요. 그 이유는 어디에 있을까요?

사람들은 전과 같은 가격으로 물건을 사고 싶어 해요

보통 사람들은 물건을 살 때 이전보다 더 비싼 값으로 사기를 싫어해요. 물가나 **인건비**가 올라 물건 **생산 비용**이 오르면 물건값이 오를 수밖에 없어요. 하지만 소비자들은 가격이 오른 물건을 사려고 하지 않으니, 물건을 만드는 생산자들은 물건값을 전과 비슷하게 **유지할** 수밖에 없죠. 물건값을 유지하려면 물건을 만들 때 **저렴한** 재료를 사용해야 하니, 제품의 질은 자연히 나빠지게 돼요. 물건값이 상승하면 물건을 사려는 사람이 줄어드는 '**가격탄력성**'이 제품의 질을 떨어뜨리는 하나의 원인이 되는 거예요.

새로운 것을 사고 싶어 하는 사람들이 많아요

오래 쓸 수 있는 것보다 '새로운 것이 좋다'고 생각하는 소비자들이 늘어나고 있어요. 이런 소비자들을 만족시키기 위해 많은 회사들은 새로운 제품을 저렴하고도 빠르게 만들어 내게 되었는데요, 이것 역시 제품의 질은 하락시키는 원인이에요. 그러나 제품의 질이 떨어지는 현상이 새로운 것을 원하는 소비자들 탓만은 아니에요. 기업들이 소비자가 새로운 물건을 살 수밖에 없도록 **부추기는** 면도 있어요. 오래된 제품을 수리해서 더 사용하고 싶어도, 수리에 필요한 **부품**을 더 만들지 않아 아예 수리를 못 받게 하는 것이지요.

정리하기

◎ 다음 빈칸을 채우세요

물건값에 따라 물건을 사려는 사람의 수가 달라지는 현상을 ☐☐☐ 이라고 해요.

◎ 맞으면 O, 틀리면 X 하세요.

1. 사람들은 전보다 가격이 올라도 더 질 좋은 제품을 사려고 해요. ☐
2. 기업은 제품 가격을 전과 똑같이 유지하기 위해 저렴한 재료를 사용해요. ☐
3. 오래된 제품의 경우 수리해서 계속 사용하기가 어려울 때가 많아요. ☐

◎ 신문 어휘 풀이

- **인건비**: 사람을 부리는 데 드는 돈
- **생산**: 사람이 생활하는 데 필요한 각종 물건을 만들어 냄
- **비용**: 어떤 일을 하는 데 드는 돈
- **유지하다**: 어떤 상태나 상황을 그대로 보존하거나 변함없이 계속하여 지탱하다
- **저렴하다**: 물건 따위의 값이 싸다
- **부추기다**: 남을 이리저리 들쑤셔서 어떤 일을 하게 만들다
- **부품**: 기계 따위의 어떤 부분에 쓰는 물품

토론하기

Q. 기술은 좋아지는데 물건의 질은 점점 더 나빠질 때가 많아요. 그 이유에 대해 이야기해 보세요.

13

환경도 경제도 지키는 공정무역

배경 지식

✓ **공정무역**: 서로 간의 주고받는 혜택이 동등한 가운데 이루어지는 무역

신문 읽기

사진 설명: 공정무역 마크
(출처: 국제공정무역기구 홈페이지)

어른들이 즐겨 마시는 커피, 어린이들이 즐겨 먹는 초콜릿의 원료인 원두와 카카오 열매를 얻는 과정에 대해서 생각해 본 적이 있나요? 이 과정에서 수많은 어린이들이 **착취당하고** 있다면 이것을 우리는 바른 과정이라고 볼 수 있을까요?

불공정하다 vs 공정하다?

수년 전부터 커피와 카카오를 포함한 여러 제품의 생산 과정을 두고 '**공정무역**'에 대한 관심이 높아졌어요. 초콜릿의 재료인 카카오는 대부분 아프리카에서 나는데요, 이 열매를 따기 위해 아프리카 지역의 수많은 아이들이 학교에도 가지 못하고, 오랜 시간 위험한 환경에서 노동에 시달려야 해요. 게다가 이 어린이들은 제대로 된 **임금**도 받지 못해요. 초콜릿 판매 **이득**의 대부분을 대기업이 가져가기 때문이죠. 이런 불공정한 과정에서 '공정무역'이 필요하다는 목소리가 나왔어요. 공정무역이란, **개발도상국**의 생산자와 **선진국**이 공정한 과정을 통해 **동등한** 혜택을 얻는 무역을 말해요.

공정무역은 착한 소비

공정무역은 생산자에게 **정당한** 대가를 주고 소비자에게 좀 더 질 좋은 제품을 **공급**할 수 있게 해요. 나쁜 물질을 사용하거나 생산자의 노동력을 함부로 쓰면 공정무역 인정마크를 받을 수 없어요. 따라서 공정무역 제품은 윤리적

으로 우수한 품질의 제품이라고 볼 수 있어요. 생산자와 소비자 모두 행복해 질 수 있는 공정무역은 착한 소비, 윤리적인 소비라고도 불려요.

정리하기

◎ 다음 빈칸을 채우세요

☐☐☐☐은 생산자와 소비자 모두 행복해질 수 있는 착한 소비를 할 수 있게 해요.

◎ 맞으면 O, 틀리면 X 하세요.

1. 카카오 열매를 얻는 과정에서 많은 아프리카 어린이들이 노동에 시달리고 있어요. ☐

2. 지금껏 초콜릿이나 커피를 만드는 과정은 생산자와 대기업이 평등했어요. ☐

3. 나쁜 물질을 사용하는 것과 공정무역과는 관계가 없어요. ☐

◎ 신문 어휘 풀이
- 착취당하다: 자원이나 재산, 노동력 등을 정당한 대가 없이 빼앗기다
- 불공정하다: 손해나 이익이 어느 한쪽으로 치우쳐 올바르지 않다
- 공정하다: 한쪽으로 치우치지 않고 객관적이고 올바르다
- 임금: 일한 대가로 받는 돈
- 이득: 이익을 얻음. 또는 그 이익
- 개발도상국: 산업의 근대화와 경제개발이 선진국에 비하여 뒤떨어진 나라
- 선진국: 다른 나라보다 정치, 경제, 문화 등의 발달이 앞선 나라
- 동등하다: 등급이나 정도가 같다
- 정당하다: 이치에 맞아 올바르다
- 공급하다: 요구나 필요에 따라 물건이나 돈 등을 제공하다

토론하기

Q. 공정무역을 해야 하는 이유는 무엇일까요?

14
우리는 체리만 따 먹는 사람이 아니에요

배경 지식

- 체리피커: 체리피커(Cherry Picker)란 케이크 위의 맛있는 체리만 빼 가는 것처럼 자신의 이익만 빼 가는 소비자를 이르는 말이에요.
- 체리슈머: 체리슈머란 체리피커(Cherry Picker)와 소비자(Consumer)를 합친 말로 한정된 자원을 가지고 전략적인 소비를 추구하는 소비자를 말해요.

신문 읽기

사진 설명: 체리

케이크 위에 올려진 체리만 얌체처럼 쏙 빼먹는 사람들을 본 적이 있을 거예요. 자신의 **이익**만 빼 가는 소비자를 '**체리피커**'라고 하는데요, 이제는 체리피커가 아닌 '**체리슈머**'의 시대가 되었다고 해요.

체리슈머는 누구예요?

전 세계적으로 **경기 불황**이 계속되면서 현명하고 알뜰하게 소비하는 체리슈머가 늘어나고 있어요. 체리슈머는 체리피커(Cherry Picker)와 소비자(Consumer)가 합해져 만들어진 말인데요, **한정된** 자원 안에서 **전략적**으로 소비하는 **실속**형 소비자를 뜻해요. 체리슈머는 마구 돈을 쓰거나 무조건 아끼는 것이 아닌, 자신이 원하는 제품이 있으면 자신의 상황에 맞추어 계획적으로 물건을 산다는 특징이 있어요.

체리슈머가 좋아하는 소비 방식은

체리슈머는 경기가 나쁘다고 무조건 지갑을 닫지 않아요. 자신에게 필요한 만큼만 구매하거나 같은 제품이나 서비스를 원하는 사람들과 함께 모여 소비하는 모습을 보여요. 이를테면 한두 끼 **분량**으로 나누어 판매되는 식재료를 조금만 산다거나 여러 사람이 배달 음식을 함께 주문한 뒤 배달 비용을 나누어

내요. 또 **구독료**를 아끼기 위해 넷플릭스나 유튜브와 같은 OTT 구독권 계정을 **공유하기도** 해요. 체리슈머는 중고 거래도 좋아하는데요, 중고 거래를 통해 생필품을 저렴하게 사기도 하고, 대량판매 상품을 산 후, 필요한 만큼만 가지고 남은 것은 팔기도 해요. 전문가들은 앞으로 불안정한 경기 속에서 체리슈머의 영향력이 더욱 커질 것으로 전망해요.

정리하기

◎ 다음 빈칸을 채우세요.

☐☐☐☐ 는 한정된 자원 내에서 자신이 원하는 제품을 현명하고 알뜰하게 소비하는 사람들을 말해요.

◎ 맞으면 O, 틀리면 X 하세요.

1. 얌체처럼 자신의 이익만 취하는 사람을 체리슈머라고 해요. ☐
2. 체리슈머는 여러 사람과 서비스 이용료를 나누어 내기도 해요. ☐
3. 체리슈머의 영향력은 앞으로 더욱 커질 것으로 내다보고 있어요. ☐

◎ 신문 어휘 풀이

- **이익**: 물질적으로나 정신적으로 보탬이 되는 것
- **경기 불황**: 경제 활동이 활발하지 않아, 물가와 임금이 내리고 생산이 줄어들며 실업이 늘어나는 상태
- **한정되다**: 수량이나 범위 등이 제한되어 정해지다
- **전략적**: 사회적 활동을 하는 데 필요한 방법과 계획에 관한 것
- **실속**: 군더더기 없이 실제로 핵심이 되는 내용
- **분량**: 수나 양의 정도
- **구독료**: 책이나 잡지, 신문을 정기적으로 받아 보기 위해 내는 돈
- **공유하다**: 두 사람 이상이 어떤 것을 함께 가지고 있다

토론하기

Q. 체리슈머가 되면 어떤 점이 좋을까요?

15

삐뽀삐뽀! 위기에 처한 나라들이 많아졌어요

배경 지식

- **국가부도**: 국가가 자신의 빚을 갚지 못하게 되어 맞게 된 상황을 말해요.
- **개발도상국**: 근대화와 경제개발이 선진국에 비하여 뒤떨어진 나라를 말해요.
- **IMF(국제통화기금)**: 1947년 3월에 시작된 국제 연합의 전문 기관의 하나. 공동의 돈을 만들어 각국이 이용하도록 하여, 세계 각국의 경제적 번영을 일으키기 위하여 만들어진 국제 금융 결제 기관이에요.

신문 읽기

빚을 갚지 못해 **국가부도** 위기에 내몰린 **개발도상국**이 늘어나고 있어요.

사진 설명: IMF 본부

국가부도에 처한 나라들이 많아졌어요

코로나19와 우크라이나 전쟁으로 인한 **인플레이션, 금리인상**으로 개발도상국들이 위기에 처했어요. **국제통화기금**(IMF)에 따르면, IMF가 세계 각국에 빌려준 **자금** 규모가 역대 최대라고 해요. IMF 총재는 개발도상국 중 25%가 빚을 갚을 수 없는 상태에 처했으며, 이들의 위기를 그대로 두면 세계 경제에 부정적인 영향을 미칠 거라고 했어요. 스리랑카, 파키스탄과 더불어 잠비아, 말리 등 아프리카 **빈곤** 국가들이 빚을 갚지 못하고 있으며, 아르헨티나, 이집트 등 중소득 국가들도 IMF의 **지원**을 받고 있어요.

스리랑카는 전기요금을 66% 인상했어요

스리랑카의 경우 2022년, 결국 국가부도 상태가 되었어요. 스리랑카의 주요

산업인 관광산업이 코로나19로 큰 타격을 입은 것이 그 이유 중의 하나예요. 스리랑카는 IMF의 지원을 받기 위해서 전기요금을 66% **인상했다고** 했어요. 개발도상국들의 성장률이 떨어져 상황이 점점 더 나빠지고 있어요. 이들 국가의 올해 경제성장률은 4%대로, 2000~2019년의 경제성장률 5.6%보다 크게 낮은 수준이에요.

정리하기

◎ 다음 빈칸을 채우세요

☐☐☐☐ 는 국가가 자신의 빚을 갚지 못하는 상태에 이른 것을 말해요.

◎ 맞으면 O, 틀리면 X 하세요.

1. 우크라이나 전쟁은 국가부도 위기에 처한 나라가 많은 것과 관련이 없어요. ☐
2. 스리랑카는 관광산업이 코로나로 타격을 입어 경제가 매우 나빠졌어요. ☐
3. 개발도상국의 경제성장률은 올해 높아질 전망이에요. ☐

◎ 신문 어휘 풀이

- **인플레이션**: 통화량이 팽창하여 화폐 가치가 떨어지고 물가가 계속 올라 일반 대중의 실질적 소득이 감소하는 현상
- **금리인상**: 빌려준 돈에 대한 이자나 이율을 종전보다 올림
- **자금**: 특정한 목적에 쓰는 돈
- **빈곤**: 가난하여 살기가 어려움
- **지원**: 지지하여 도움
- **인상하다**: 물건 값, 봉급, 요금 따위를 올리다

토론하기

Q1. 국가부도에 처한 나라가 많아진 이유는 무엇일까요?

Q2. 이러한 나라들이 늘면 어떤 영향이 있을까요?

16 가뭄에 기저귀 가격이 오른다?

배경 지식

- **물가상승**: 여러 가지 재화의 평균적인 가격이 올라감

신문 읽기

지난해 미국 텍사스가 극심한 가뭄에 시달리면서 기저귀, 거즈, 면봉 등의 가격이 3배 가까이 올랐다고 해요. 가뭄과 생필품 가격. 이 둘은 무슨 관련이 있을까요?

사진 설명: 가뭄

미국 텍사스가 가뭄으로 메말라 버렸어요

미국 텍사스는 미국에서 가장 큰 면화 생산지예요. 그런데 2022년 텍사스에 닥친 가뭄으로 면화 생산량이 크게 줄어들었어요. 가뭄으로 땅이 마르면서 약 2만 4280㎢(서울 면적의 약 40배) 정도의 경작지에서 면화 수확을 포기해야만 했어요. 이로 인해 미국 기저귀 가격은 21%, 솜과 거즈는 각각 9%, 8% 올랐어요.

기후변화가 물가상승으로 이어졌어요

경제학자들은 텍사스 면화 생산이 크게 줄어들어 면화 가격이 올랐고, 이것은 기저귀, 거즈와 같은 생필품뿐만 아니라 의류 가격에도 영향을 미칠 것으로 전망했어요. 이러한 물가상승은 미국을 포함한 전 세계 인플레이션으로 이어질 거예요. 미국 텍사스뿐만 아니라 세계 6위 면화 생산국인 파키스탄도 2022년 발생한 대홍수로 면화 생산량이 대폭 줄었어요. 닐슨 IQ 부사장은 기후변화는 우리가 알아채지 못한 사이에 물가상승을 일으키는 주요한 요인이 되고

있다고 했어요. 또한 가뭄, 홍수, 산불과 같은 기후변화가 농작물 생산에 영향을 미치면서 앞으로 생필품의 가격은 계속 오를 것이라고 내다봤어요.

정리하기

◎ 다음 빈칸을 채우세요

☐☐☐☐는 물가상승에 영향을 미쳐요

◎ 맞으면 O, 틀리면 X 하세요.
1. 미국 텍사스에 가뭄이 심해서 면화 생산량이 줄었어요. ☐
2. 미국 내 물가상승은 전 세계에는 영향을 미치지 않아요. ☐
3. 기후변화가 농작물 생산에 영향을 미치지만, 물가와는 관계가 없어요. ☐

◎ 신문 어휘 풀이
- 생필품: 일상생활에 반드시 있어야 할 물품
- 면화: 아욱과의 한해살이풀. 면화 솜털을 모아 솜을 만들고 기름을 짠다
- 생산지: 어떤 물품을 만들어 내는 곳
- 경작지: 갈아서 농사를 지을 수 있는 토지
- 수확: 익은 농작물을 거두어들임. 또는 거두어들인 농작물
- 전망하다: 앞날을 미리 생각해 보다
- 인플레이션: 통화량이 팽창하여 화폐 가치가 떨어지고 물가가 계속 올라 일반 대중의 실질적 소득이 감소하는 현상
- 대폭: 썩 많이
- 요인: 사물이나 사건이 이루어지는 중요한 원인

토론하기

Q. 기후변화와 물가상승은 어떤 관계가 있어요?

02

사회

17 ○○들은 오지 마세요, 이곳은 노○○존이랍니다
18 우리는 그러니까 알파(α)세대! 알파세대를 주목하세요!
19 2023년, 지구에는 얼마나 많은 사람들이 살고 있을까요?
20 전 세계 단 21명! 레고 마니아들의 꿈의 자격증, 레고 공인작가
21 배달시키신 분? 저, 드론이 갑니다!
22 저를 안아 주세요!
23 잠깐만요, 미운 말 하기 전에 잠시만 멈춰 봐요
24 글 쓰는 영화감독, 제임스 캐머런의 이야기
25 우리 같이 당근해요!
26 대한민국은 몇 등 나라?

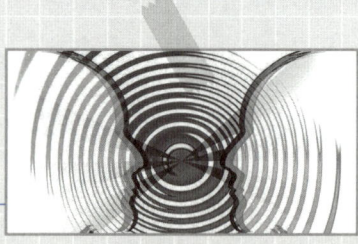

27 명탐정 셜록 홈스 캐릭터, 이제는 공짜로 쓸 수 있어요
28 500년 전, 할아버지의 할아버지의 할아버지…가 쓴 편지
29 하루, 이틀, 그다음은 삼일?
30 우리 같이 웃어요, 하하하! 호호호!
31 중간이 사라졌다, 평균 실종 사태
32 동물들이 아픈 건 싫어요. 이제는 비건 패션 시대!
33 듣고 볼 수 없어도 우린 다 느낄 수 있어요
34 고쳐서 오래오래 쓸래요. 우리에게 수리권을 주세요
35 조심! 좀비가 될지도 몰라요
36 찰리와 초콜릿 공장이 다시 태어났어요
37 줄어드는 아이들 그리고 사라지는 어린이집

17

○○들은 오지 마세요, 이곳은 노○○존이랍니다

배경 지식

- 노키즈존: 영유아와 어린이의 출입을 금지하는 가게를 가리키는 신조어(새로 생긴 말)

신문 읽기

2011년, 한 식당에서 아이가 화상을 입는 사고가 발생했어요. 누구의 책임이냐로 다투던 중, 식당의 책임을 70%, 부모의 책임을 30%로 본다는 법원의 <u>판결</u>이 났어요. 이 일로 <u>노키즈존</u>을 내건 가게들이 크게 늘고 있어요.

사진 설명: 노키즈존

노키즈존을 왜 하는 거죠?

노키즈존을 내건 가게들은 다음과 같이 말해요. 큰 소리로 울거나 뛰어다니는 아이들 때문에 불편해하는 손님들이 많기 때문에, 노키즈존을 할 수밖에 없다고 말이죠. 조용한 분위기에서 식사하고 커피를 마시고 싶은 어른 손님들을 <u>배려하기</u> 위해서는 어쩔 수 없다는 입장이에요.

그렇다면 노키즈존이 왜 문제인 거죠?

특정 사람들을 가게에 들어오지 못하게 하는 건 '<u>차별</u>'이기 때문이에요. 물론 가게 주인들의 <u>영업</u> 자유도 <u>보장</u>받아야 하지만, 차별받지 않을 <u>권리</u>, <u>평등권</u>도 마찬가지로 중요한 가치예요. 또 공공장소에서 아이들의 출입을 막는 것은 사회적으로 아이들을 말썽거리로 보게 된다는 문제도 있어요.

노키즈존을 시작으로 40대 이상의 손님을 거부하는 노중년존, 중고등학생들의 출입을 막는 노유스존도 생겨나기 시작했어요. 특정한 사람들의 출입을 제한하는 노○○존은 앞으로 더 늘지도 몰라요. 영업의 자유도 중요하지만 이런 노○○존이 늘어 가는 것, 한 번쯤은 생각해 봐야겠어요.

정리하기

◎ 다음 빈칸을 채우세요

☐☐☐☐ 은 영유아나 아이들의 출입을 금지하는 곳을 말해요.

◎ 맞으면 O, 틀리면 X 하세요.

1. 조용한 분위기에서 식사하고 싶은 손님을 배려하기 위해 노키즈존을 내걸어요. ☐

2. 노키즈존이 문제가 되는 이유는 아이들의 출입을 막는 것이 차별이기 때문이에요. ☐

3. 노키즈존은 아이들의 권리도 보장하기 때문에 문제가 없어요. ☐

◎ 신문 어휘 풀이
- **판결**: 법원이 옳고 그름이나 좋고 나쁨을 판단하여 결정함
- **배려하다**: 관심을 가지고 보살펴 주거나 도와주다
- **차별**: 둘 이상을 차등을 두어 구별함
- **영업**: 돈을 벌기 위한 사업이나 활동
- **보장**: 잘못되는 일이 없도록 보증하거나 보호함
- **권리**: 어떤 일을 하거나 다른 사람에게 요구할 수 있는 정당한 힘이나 자격
- **평등권**: 차별 없이 평등한 권리와 의무를 가질 권리

토론하기

Q. 노키즈존에 대한 여러분의 생각은 어때요? 가족들과 토론해 보세요.

18 우리는 그러니까 알파(α)세대! 알파세대를 주목하세요

배경 지식

- **알파세대**: 알파(α)세대는 Z세대(1995~2009년 출생) 다음 세대로, 아이패드가 이 세상에 나온 2010년도부터 2024년까지 약 15년간 출생하는 세대를 말해요.

신문 읽기

사진 설명: 알파세대

알파세대는 태어나면서부터 스마트폰을 접하고 AI 스피커와 대화하는 등, 디지털 **친화**적인 환경에서 자라서 디지털 기기를 능숙하게 다룰 줄 아는 세대를 말해요.

디지털 원주민, 알파세대

알파세대는 아이패드가 세상에 나오고 인스타그램이 시작된 2010년도부터 태어난 세대예요. 태어나자마자 스마트폰, 스마트패드, 모니터 등에 노출되었기 때문에 디지털 **원주민**라고 부르기도 해요. 코로나 시대를 맞으며 디지털에 가까워진 알파 세대는 유리세대, 업에이저라고도 불리는데요, 스마트폰이나 태블릿 PC 등 유리화면에 익숙해 '유리세대', 이전 세대보다 신체적·정신적으로 더 빠르게 성숙해서 '업에이저'라고 부르는 거예요.

역사상 가장 큰 규모가 될 알파세대

알파세대는 세계적으로 매주 280만 명씩 태어나고 있어요. 3년 뒤인 2025년이 되면 알파세대는 22억 명으로 전 세계 인구의 25%를 **차지**할 거라고 해요.

이는 **인류** 역사상 가장 큰 규모의 세대라고 하네요. 또한 알파세대는 아직 어린 나이임에도 **구매력**이 이전 세대를 크게 앞질렀어요. 지난 1년간 스마트기기 애플리케이션에 있는 아이템 **구입**, 유료 앱 구입 경험이 Z세대보다 더 많았거든요. 가장 큰 규모의 세대, 상당한 구매력을 가진 세대! 전문가들은 알파세대가 아직 어리지만, 기업들이 알파세대에게 관심을 갖고 이들에게 **대응해야** 한다고 입을 모아 말합니다.

정리하기

◎ 다음 빈칸을 채우세요

□□□□ 는 2010년도부터 태어난 세대로, 스마트폰에 노출되어 스마트폰, 태블릿 PC 등에 익숙한 세대를 말해요.

◎ 맞으면 O, 틀리면 X 하세요.

1. 알파세대를 유리세대 또는 업에이지 세대라고도 불러요.
2. 인구가 줄고 있기 때문에 알파세대 수는 적어요.
3. 알파세대는 아직 어리기 때문에 물건을 살 능력은 없어요.

◎ 신문 어휘 풀이

- **친화적**: 서로 뜻이 맞거나 사이좋게 지내는 것
- **원주민**: 어떤 지역에 원래부터 살고 있는 사람들
- **차지하다**: 사물이나 공간, 지위 따위를 자기 몫으로 가지다
- **인류**: 전 세계의 모든 사람
- **구매력**: 상품을 살 수 있는 경제적인 능력
- **구입**: 물건 등을 삼
- **대응하다**: 어떤 일이나 상황에 알맞게 행동하다

토론하기

Q. 알파세대의 특징에는 어떤 것들이 있어요?

19. 2023년, 지구에는 얼마나 많은 사람들이 살고 있을까요?

배경 지식

- **인구**: 일정 지역에 사는 사람의 수
- **출산율**: 일정 기간에 태어난 아이가 전체 인구의 몇 %를 차지하는지에 대한 비율
- **저출산**: 아이를 적게 낳는 것을 말해요.

신문 읽기

2022년 11월 15일, UN은 세계 인구가 80억 명을 넘어섰다고 발표했어요. 유엔은 세계 인구가 2080년쯤 104억 명을 기록한 뒤 2100년까지 이 수준을 유지할 것으로 보았어요.

사진 설명: 세계의 인구

한국은 저출산 국가라고 들었는데요

세계 인구는 크게 늘고 있지만 우리나라 인구는 꾸준히 줄어들고 있어요. 한국의 **출산율**은 2021년 기준 0.81명으로, 세계에서 홍콩(0.75명) 다음으로 낮아요. 올해 약 5,100만 명인 한국 인구는 2070년에는 3,800만 명으로 줄어들 거라고 해요. **저출산**이 계속되면 사회에서 일을 할 수 있는 사람이 줄면서 **경제성장**이 느려질 거예요.

인구는 적어져도 걱정, 많아져도 걱정이에요

그런데 현재 인구 증가는 인도, 나이지리아를 중심으로 주로 **저소득국가**들이 이끌고 있어요. 저소득국가들은 일할 곳이 항상 적은데, 인구가 **급증하면** 일자

리를 더욱 찾기 어려워지는 문제가 발생해요. 또한 식량, 물, 에너지 등의 자원도 부족해지죠. 이뿐만 아니라, 인구가 늘면 **온실가스 배출량**이 늘어나는데요, 이것은 기후변화와 식량 부족 상황을 더욱더 심각하게 만드는 원인이 돼요.

사람들이 많아지면서 지구가 우리에게 줄 수 있는 자원이 다 떨어지고 있어요. 사람들이 지금처럼 자원을 계속 쓴다면 우리에게는 하나의 지구가 더 필요하다고 해요. 줄어도 문제, 늘어도 문제인 세계 인구, 우리가 한 번쯤은 고민해 봐야 할 문제예요.

정리하기

◎ 다음 빈칸을 채우세요
한국은 태어나는 아이가 적은 [　　] 국가예요.

◎ 맞으면 O, 틀리면 X 하세요.
1. 모든 국가에서 골고루 인구가 늘어 세계 인구가 80억 명이 됐어요. [　]
2. 인구 증가는 지구 환경에 나쁜 영향을 줘요. [　]
3. 사람들이 지금처럼 자원을 써도 큰 문제는 없어요. [　]

◎ 신문 어휘 풀이
- **유지하다**: 어떤 상태나 상황을 그대로 보존하거나 변함없이 계속하여 지탱하다
- **경제성장**: 국민 경제의 능력이 커지는 일
- **저소득국가**: 일정 기간 한 나라의 국민이 생산한 가치가 적은 나라
- **급증하다**: 갑작스럽게 늘어나다
- **온실가스**: 지구 대기를 오염시켜 온실효과를 일으키는 가스를 뜻하는 말
- **배출량**: 안에서 만들어진 것이 밖으로 밀려 내보내지는 양

토론하기

Q1. 인구가 늘어나면 어떤 문제가 발생해요?

Q2. 인구가 줄어들면 또 어떤 문제가 발생할까요? 자신의 생각을 자유롭게 이야기해 보세요.

20

전 세계 단 21명! 레고 마니아들의 꿈의 자격증, 레고 공인작가

배경 지식

✓ **레고 공인작가**(LEGO Certified Professional) : 레고 본사에서 인정한 레고 작품을 만드는 작가라는 뜻이에요. 레고 공인작가는 현재 전 세계에 21명밖에 없어요.

신문 읽기

사진 설명: 레고

여러분도 한 번쯤은 레고로 무언가를 만들어 보았을 거예요. 그런데 여기, 어렸을 때부터 레고를 가지고 놀면서 **창작** 활동을 한 덕분에 **레고 공인작가**가 된 분이 계세요.

레고 공인작가 이재원 씨는요

이재원 씨는 어렸을 때부터 레고로 만들면서 노는 것을 좋아했대요. 어른이 되어서까지 자신이 원하는 것을 자유롭게 만들 수 있다는 레고의 매력에 푹 빠져 지내다 레고 디자이너가 되고 싶다는 꿈을 갖게 되었대요. **건축설계사**라는 직업을 가진 후에도 다양한 레고 작품을 만들었다고 해요. 그러다 2018년, 레고 본사로부터 레고 공인작가로 인정받게 되었어요. 현재 레고 공인작가는 전 세계에 단 21명밖에 없어요.

레고로 섬세한 작품을 만드는 것까지

이재원 씨는 레고 작품을 만들 때 주로 만화나 게임, 영화, 동화에서 아이디어를 얻은 다음 그만의 방식으로 이미지를 다시 그려 본다고 해요. 동작이나 표정을 먼저 손으로 그려 보는데, **섬세한** 작품을 위해서 여러 가지 버전의 동작을 만들어 보기도 해요. 그리고 컴퓨터 프로그램을 이용해서 작품을 입체적으로 표현해 보고요, 필요한 레고 블록 수를 계산한 다음 만들기 시작해요. 이재원 씨는 건축설계사라는 직업도 갖고 있기 때문에, 많이 바쁜 날에는 하루 두세 시간밖에 못 자는 날도 많다고 해요. 힘이 들 때도 있지만 레고 작가로서의 활동은 여전히 즐겁다고 해요.

정리하기

◎ 다음 빈칸을 채우세요

레고 ☐☐☐ 는 덴마크 레고 본사가 인정한 레고 창작 활동가를 말해요.

◎ 맞으면 O, 틀리면 X 하세요.

1. 현재 레고 공인작가는 전 세계에 21명밖에 없어요. ☐
2. 이재원 씨는 만화나 게임, 동화에서 나온 이미지를 보고 똑같이 만들어요. ☐
3. 컴퓨터 프로그램으로 작품을 입체적으로 표현한 다음 필요한 블록 수를 계산해요. ☐

◎ 신문 어휘 풀이

- **창작**: 무엇을 처음으로 만들어 냄. 또는 그렇게 만들어 낸 것
- **건축설계사**: 건물을 짓기 위해 실제적인 계획을 세워 그림과 간략한 설명으로 나타내고 관련 서류를 작성하는 일을 하는 사람
- **섬세하다**: 매우 세밀하고 정확하다

토론하기

Q1. 여러분은 어떤 것의 매력에 푹 빠져 본 적이 있어요?

Q2. 어른이 되면 무슨 일을 하고 싶어요?

21

배달시키신 분? 저, 드론이 갑니다!

배경 지식

- **드론**: 자동 조종되거나 무선 전파를 이용하여 원격 조종되는 무인 비행 물체를 가리키는 말이에요.

신문 읽기

길 여기저기서 흔히 보이는 배달 트럭이나 오토바이! 그런데 이제는 하늘을 날아오른 드론이 배달을 하게 될 거라고 해요.

미국에서는 이미 드론 배달이 시작되었어요

세계에서 가장 큰 규모의 인터넷 쇼핑몰인 아마존이 드론 배송을 시작했어요. 아마존을 세운 제프 베이조스가 드론 배송을 하겠다는 계획을 세운 지 10년 만에 '프라임 에어'라는 드론 배송 서비스를 시작하게 되었어요. 프라임 에어는 2.3kg 미만의 물건을 1시간 이내에 배송하는데요, 주소지 마당에 안전한 높이까지 내려와서 배달할 물건을 떨어뜨려요. 이때 아래에 사람이나 반려동물들이 있다면 이를 감지해서 물건을 떨어뜨리지 않는다고 해요.

한국에서도 드론 배달을 준비하고 있어요

대표적인 배달 음식인 치킨을 드론이 배달해 준다면 어떨까요? 한국에서는 편의점을 포함한 치킨 업체에서 드론 배달을 적극적으로 준비하고 있다고 해요. 교통 체증이 아무리 심한 시간이라도 드론이 배달한다면 음식이 빨리 도착하기 때문에 드론 배달을 시작하려는 업체가 하나둘 늘고 있어요. 휴대전화

앱에서 주문하면 10km **반경**에서 10분 이내에 배달이 이루어진다고 해요. 하지만 국내에서는 아직 해결해야 할 문제가 많아요. 드론 배송이 미국이나 호주 등의 중소 도시에서는 크게 성장할 수 있지만 한국에서는 다소 시간이 걸릴 거라고 전망해요. 한국의 대도시는 아파트와 고층 빌딩이 **즐비하게** 늘어서 있어 비행이 어렵기 때문이에요.

정리하기

◎ 다음 빈칸을 채우세요

미국 쇼핑몰인 아마존이 ☐☐ 을 시작했어요.

◎ 맞으면 O, 틀리면 X 하세요.

1. 아마존에서는 2.3kg 이상의 물건을 드론으로 배송하려고 해요. ☐
2. 한국에서는 치킨 업체에서 드론 배달을 하려고 준비하고 있어요. ☐
3. 한국에서는 미국이나 호주보다 드론 배달을 더 빠르게 성공시킬 수 있어요. ☐

◎ 신문 어휘 풀이

- **미만**: 정한 수효나 정도에 미치지 못함
- **감지하다**: 느끼어 알다
- **체증**: 교통의 흐름이 순조롭지 아니하여 길이 막히는 상태
- **업체**: 이익을 얻기 위해서 특정 사업을 하는 단체
- **반경**: 원이나 구의 중심에서 그 원둘레의 한 점에 이르는 선분의 길이
- **즐비하다**: 줄지어 빽빽하게 늘어서 있다

토론하기

Q. 한국에서 드론 배달이 시작된다면 어떤 점이 좋을까요?

22

저를 안아 주세요!

배경 지식

○ **접촉 위안**: 배고픔과 같은 일차적 욕구를 만족시키는 것보다 안는 등의 접촉을 통한 위안이 인간이 자라는 데 매우 중요하다는 주장 중의 하나예요.

신문 읽기

아기가 엄마를 좋아하고 찾는 것은 엄마가 아기에게 우유를 주기 때문일까요? 이에 대해 1958년에 미국의 한 심리학자가 붉은털원숭이를 대상으로 실험을 했어요.

사진 설명: 붉은털원숭이 실험

어떤 실험일까요?

1958년 미국의 심리학자 해리 할로 교수는 붉은털원숭이를 대상으로 **촉감과 온기**, 사랑에 대한 실험을 했어요. 실험 방법은 다음과 같아요. 두 가짜 어미를 만들어 놓고 원숭이가 어떤 어미를 더 자주 찾아가는지 살펴봤어요. 차가운 철사로 만들어져 있는 가짜 엄마에게는 젖병이 달려 있어 우유를 먹을 수 있었고요, 또 다른 가짜 엄마는 젖병은 없지만 헝겊으로 만들어져 따뜻했어요.

붉은털원숭이는 어떤 엄마를 찾아갈까요?

실험 결과 붉은털원숭이는 우유를 먹을 때를 제외하고는 대부분의 시간을 헝겊 엄마에게로 갔어요. 헝겊 엄마를 껴안거나 기대고 있었지요. 붉은털원숭이가 자라 팔과 다리가 길어진 뒤에는 우유를 먹을 때도 손과 다리는 헝겊 엄마에게 두었어요. 원숭이의 이런 행동을 보고 할로 교수는 따뜻하고 부드러운 **접촉**을 통해서 마음의 **안정**을 얻게 된다고 보고 이를 '**접촉 위안**'이라고 말했어요. 이후에 할로 교수는 사람도 접촉이 사람의 **정서**, **인지**, 사회성 발달 등에 영향을 미친다는 것을 밝혔어요. 최근에는 인간형 로봇과 인간의 접촉 위안에 대한 실험도 진행되었는데요, 로봇과 손을 잡는 것만으로도 접촉 위안이 **형성된다**는 것을 확인했어요.

정리하기

◎ 다음 빈칸을 채우세요

☐☐ 은 따뜻하고 부드러운 접촉을 통해 마음의 안정을 얻는 것을 말해요.

◎ 맞으면 O, 틀리면 X 하세요.
1. 붉은털원숭이는 젖병이 달려 있는 가짜 엄마에게 더 자주 갔어요. ☐
2. 붉은털원숭이처럼 사람에게도 접촉이 정서, 사회성 발달에 영향을 미쳐요. ☐
3. 사람은 로봇과 손을 잡는 것만으로도 위안을 받았어요. ☐

◎ 신문 어휘 풀이
- 촉감: 어떤 것이 피부에 닿아서 생기는 느낌
- 온기: 따뜻한 기운
- 접촉: 서로 맞닿음
- 안정: 변하거나 흔들리지 않고 일정한 상태를 유지함
- 정서: 기쁨, 슬픔, 사랑, 미움 등과 같이 사람의 마음에 일어나는 여러 가지 감정
- 인지: 어떤 사실을 확실히 그렇다고 여겨서 앎
- 형성되다: 어떤 모습이나 모양이 갖추어지다

토론하기

Q. 여러분은 무엇을 할 때 따뜻한 감정을 느껴요?

23
잠깐만요, 미운 말 하기 전에 잠시만 멈춰 봐요

배경 지식

- 혐오: 어떤 것을 싫어하고 미워하는 것

신문 읽기

북유럽의 국가들이 온라인 **혐오** 표현을 해결하기 위해 적극적으로 나섰어요.

왜 북유럽에서 혐오 문제에 발 벗고 나섰나요?

북유럽은 세계에서 가장 행복한 나라라고 불렸지만 최근 유럽에서는 경제가 나빠져 생활이 힘들어지기 시작했어요. 그러자 특정 대상에게 그 원인을 돌리고 그들에 대한 혐오를 숨김없이 드러내는 사회적인 문제가 발생했어요. 전문가들은 혐오 표현은 전 세계적인 문제라고 **지적하면서 대책**을 **시급히 마련해야** 한다고 했어요.

혐오 문제를 해결할 수 있는 좋은 방법은

전문가들은 먼저 '혐오'와 '**비판**'을 구분해야 한다고 말했어요. 비판은 사실에 대한 자신의 의견을 건강하게 표현하는 것이지만, 혐오는 특정 대상을 미워하기만 하면서 사실과 관계없는 감정적인 표현을 거칠게 내뱉는 것이에요. 혐오가 혐오로만 끝나지 않도록 건강하게 토론할 수 있는 기회가 필요하다고 했어요. 또한 누군가 온라인에서 댓글을 달 때 그 내용 속에 혐오 표현이 심하면 경고 메시지가 뜨는 프로그램도 개발되었어요. 경고받는 순간 자신의 댓글에 문제가 있음을 알아채고 고쳐 쓸 수 있는 기회를 주는 시스템이죠.

혐오 표현의 피해는 매우 심각해요. 혐오 표현을 받은 사람들은 큰 정신적인 피해를 입기도 하고, 실제로 혐오 표현이 심해져 범죄로 이어지기도 하기 때문이에요. 이제는 한국에서도 혐오에 대한 논의가 적극적으로 이루어져야 할 때예요.

정리하기

◎ 다음 빈칸을 채우세요

전문가들은 [　　] 문제에 대한 대책을 서둘러 마련해야 한다고 했어요.

◎ 맞으면 O, 틀리면 X 하세요.

1. 북유럽에서는 요즘 특정 대상에 대한 혐오를 드러내는 사회 문제가 생겼어요. ☐
2. 혐오와 비판은 같은 것이에요. ☐
3. 혐오 표현은 온라인에서만 일어나고 실제 범죄로 이어지지는 않아요. ☐

◎ 신문 어휘 풀이

- **지적하다**: 잘못된 점이나 고쳐야 할 점을 가리켜 말하다
- **대책**: 어려운 상황을 이겨 낼 수 있는 계획
- **시급히**: 시간적인 여유가 없이 몹시 급하게
- **마련하다**: 어떤 상황에 대비한 계획이나 생각을 정리해 두다
- **비판**: 무엇에 대해 자세히 따져 옳고 그름을 밝히거나 잘못된 점을 지적함
- **논의**: 어떤 문제에 대하여 서로 의견을 말하며 의논함

토론하기

Q1. 온라인상에서 악플을 다는 것은 왜 문제가 될까요?

Q2. 온라인상에서 상대방에게 혐오 표현을 하는 문제를 어떻게 해결할 수 있을까요?

24

글 쓰는 영화감독, 제임스 캐머런의 이야기

배경 지식

- 아바타: 「터미네이터」, 「타이타닉」으로 유명한 제임스 캐머런의 SF 영화이자 아바타 시리즈의 첫 번째 작품으로, 2009년 12월 17일에 개봉했어요. 현재 전 세계 박스오피스 1위 기록을 가진 영화예요.
- CG: 컴퓨터에 의한 영상 처리를 말해요.

신문 읽기

사진 설명: 영화 「아바타」 포스터

지난 2009년, 최고의 영상 기술을 보여 줬던 「아바타」의 후속편인 「아바타: 물의 길」이 13년 만에 극장을 찾아왔어요.

아바타는 CG 기술의 발전이 어디까지 되었나 볼 수 있는 영화예요

컴퓨터 영상 처리(이하 CG)로 물의 움직임을 자연스럽게 표현하는 것은 매우 어려운 일이에요. 그래서 지금까지 바다를 CG로 처리한 영화들은 허술해 보일 때가 많았어요. 그러나 바다를 배경으로 한 「아바타: 물의 길」의 제임스 캐머런 감독은 파도, 물방울과 같은 움직임을 그래픽을 통해 그대로 살려 냈어요. 초소형 카메라를 배우 얼굴에 붙여 얼굴 전체를 실시간으로 캡처하는 '감정 캡쳐' 기술도 사용해서 얼굴의 세밀한 움직임을 잘 나타냈어요.

제임스 캐머런 감독은 어떤 사람이에요?

캐머런 감독은 할리우드의 영화 기술을 발전시킨 대표적인 인물이에요. 1989년 「어비스」라는 영화에서 움직이는 물을 처음으로 CG로 보여 주면서 영화계에 CG 혁명을 일으켰어요. 캐머런 감독은 영화의 기술적인 부분뿐만 아니라, 영화의 스토리를 직접 쓰는 것으로도 유명해요. 전 세계 박스오피스 1위인 「아바타」와 3위인 「타이타닉」의 각본을 직접 썼지요. 캐머런 감독은 아바타 각본을 쓸 때 상상력을 통해 다른 세상과 캐릭터를 만들었다면서 19살 때 스스로 빛을 내는 숲과 날아다니는 도마뱀 꿈을 꾼 것도 각본에 썼다고 했어요.

정리하기

◎ 다음 빈칸을 채우세요

지금까지 ☐☐ 로 물의 움직임을 자연스럽게 표현하는 것은 어려웠어요.

◎ 맞으면 O, 틀리면 X 하세요.
1. 「아바타: 물의 길」에서 배우들의 감정을 표현한 장면은 허술했어요. ☐
2. 제임스 캐머런 감독은 영화의 스토리를 직접 써요. ☐
3. 캐머런 감독은 빛을 내는 도마뱀을 직접 보고 이야기에 썼어요. ☐

◎ 신문 어휘 풀이
- 허술하다: 엉성하여 빈틈이 있다
- 초소형: 보통의 소형보다 훨씬 더 작은 소형
- 실시간: 실제 흐르는 시간과 같은 시간
- 세밀하다: 자세하고 꼼꼼하다
- 혁명: 전의 방식 따위를 단번에 깨뜨리고 새로운 것을 급격하게 세우는 일
- 각본: 연극이나 영화를 만들기 위하여 쓴 글

토론하기

Q. 제임스 캐머런 감독은 무엇을 한 분이에요?

25

우리 같이 당근해요!

배경 지식

- **플랫폼**: 여러 사람들이 자신들이 얻고자 하는 것을 공평하게 거래하고 교환할 수 있도록 만들어진 환경이에요.
- **중고 거래**: 새 물건이 아닌 중고품을 사고파는 행위를 말해요.

신문 읽기

사진 설명: 당근마켓 로고

중고 거래 플랫폼인 당근마켓을 통해 자신의 동네를 설정하고 인근 이웃들과 물건을 손쉽게 거래할 수 있는데요, 최근 당근마켓이 중고 거래 외의 역할도 한다고 해요.

동네 정보는 당근마켓에서 물어봐요

최근 당근마켓을 통해 반려견을 잃어버린 보호자들이 반려견을 찾는 일이 있다고 해요. 길 잃은 반려견들을 발견한 사람들이나 반려견을 잃은 보호자들이 동물들의 사진을 올려서 반려동물 또는 주인을 찾으려는 것이죠. 그래서 실제로 잃어버린 반려견을 찾은 일이 종종 있었다고 해요. 당근마켓은 인근 이웃들과의 거래를 목적으로 시작된 앱이기 때문에 동네를 배회하고 있는 강아지를 찾는 등 동네 주변의 소식을 가장 빨리 알 수 있어요. 실제로 설문조사 결과 거래와 취미 활동, 동네 정보를 공유할 때 가장 많이 활용되는 국내 플랫폼은 당근마켓이라는 결과가 나왔어요.

보드게임 같이할 사람도 당근에서 찾아요

당근마켓에서 중고품 거래 및 동네 정보를 얻는 것 외에도 동네 이웃들과 만나 취미 활동을 함께하는 등의 모임을 찾는다고 해요. 같은 지역에서 관심사를 함께 나눌 수 있는 단기 모임을 빠르게 만들 수 있다는 장점이 있어요. 혼자서 하기 힘든 일들을 함께하거나 같이 식사하기, 공원 산책, 보드게임, 취미 활동 등을 이웃과 함께하고 싶다면 당근마켓에서 모임을 만들 수 있어요. 당근마켓은 이제 중고 거래를 넘어 정보와 소식을 주고받는 '로컬 커뮤니티'로 바뀌고 있어요.

정리하기

◎ 다음 빈칸을 채우세요.
당근마켓은 원래 중고 물품을 거래하기 위한 ▢▢ 이에요.

◎ 맞으면 O, 틀리면 X 하세요.
1. 당근마켓을 통해 잃어버린 반려견을 찾기도 해요. ▢
2. 당근마켓에서는 동네 주변의 소식을 빨리 알 수 있어요. ▢
3. 당근마켓은 중고 거래를 하는 플랫폼으로 다른 역할은 하지 않아요. ▢

◎ 신문 어휘 풀이
- 설정하다: 새로 만들어 정하다
- 인근: 가까운 곳
- 거래하다: 돈이나 물건을 주고받거나 사고팔다
- 반려견: 한 가족처럼 사람과 더불어 살아가는 개
- 배회하다: 아무 목적도 없이 어떤 곳을 중심으로 어슬렁거리며 이리저리 돌아다니다
- 단기: 짧은 기간

토론하기

Q. 당근마켓과 같은 플랫폼의 장점으로는 어떤 것이 있어요?

26

대한민국은 몇 등 나라?

배경 지식

- **설문조사**: 설문조사(Survey)란 미리 만들어진 설문지를 통해 사람들에게 질문을 하고, 사회현상에 관한 자료를 수집하고 분석하는 연구 방법이에요.

신문 읽기

사진 설명: 한국 대중문화

'세계에서 가장 강력한 국가' 조사에서 한국이 6위를 차지했어요. 이 조사는 세계 85개국을 대상으로 1만 7,000명에게 **설문조사**하는 방식으로 이루어졌어요.

전 세계에서 가장 영향력 있는 나라로 미국이 1위를 차지했어요

미국은 경제 및 **군사** 강국일 뿐만 아니라 음악, 영화, TV 프로그램 등 미국의 **대중문화**는 전 세계로 퍼져나가 있어요. 하지만 미국은 여전히 **인종** 간 갈등과 **소득** 불평등 등 사회, 경제적인 문제를 가지고 있어요. 2위를 차지한 나라는 중국이에요. 중국은 세계에서 가장 오래된 **문명** 중 하나이며, 경제 규모는 미국에 이어 세계 2위예요. 그러나 중국 역시 빠른 경제성장으로 소득의 불평등, 심각한 환경오염 등의 문제를 일으켰어요. 미국과 중국에 이어 3위는 러시아, 4위는 독일, 5위는 영국이 차지했어요.

한국은 22년도 8위에서 22년도 6위로 2단계 올랐어요

한국은 1960년대 이후 꾸준한 성장을 했으며, 현재는 세계 최대 경제국 중 하나가 되었어요. 또한 첨단 기술을 가진 나라라는 평가를 받았을 뿐만 아니라, 유엔과 같은 많은 국제기구의 회원국이기도 해요. 6위인 한국에 이어 7위는 프랑스, 8위는 일본이 차지했어요. 이번 조사에서 주목받은 나라는 우크라

이나예요. 비록 전쟁으로 우크라이나가 **파괴된** 도시와 산업을 일으켜 세우는 데는 수십 년이 걸리겠지만 러시아에 대한 **저항**을 꿋꿋이 이어 나가고 있는 데에서 여러 나라의 **찬사**를 받고 있어요.

정리하기

◎ 다음 빈칸을 채우세요

□□□ 는 사람들에게 설문지를 통해 질문을 하고 그 자료를 모아 사회현상을 분석하는 연구 방법이에요.

◎ 맞으면 O, 틀리면 X 하세요.

1. 세계에서 가장 강력한 국가는 미국으로, 세계에서 가장 오래된 문명 중 하나예요. □

2. 한국은 첨단 기술을 가진 나라로 평가받았고, 가장 강력한 국가 6위를 차지했어요. □

3. 우크라이나는 러시아에 대한 저항을 이어 나가고 있어 주목받고 있어요. □

◎ 신문 어휘 풀이

- **영향력**: 어떤 것의 효과나 작용이 다른 것에 미치는 힘
- **군사**: 군대, 전쟁 등 군에 관한 일
- **강국**: 국제적으로 어떤 분야에서 큰 힘을 가진 나라
- **대중문화**: 많은 사람들이 만들고 누리는 문화
- **인종**: 백인종, 황인종, 흑인종처럼 피부, 머리색, 골격 등의 신체적 특징에 따라 나눈 사람의 종류
- **소득**: 어떤 일의 결과로 얻는 이익
- **문명**: 사람의 물질적, 기술적, 사회적 생활이 발전한 상태
- **파괴되다**: 부서지거나 깨뜨려져 무너지다
- **저항**: 어떤 힘이나 조건에 굽히지 않고 거역하거나 견딤
- **찬사**: 훌륭함을 드러내어 칭찬하는 말이나 글

토론하기

Q. 한국은 어떤 나라예요? 우리나라의 좋은 점을 생각나는 대로 이야기해 보세요.

27

명탐정 셜록 홈스 캐릭터, 이제는 공짜로 쓸 수 있어요

배경 지식

- **저작권**: 창작물(새롭게 만들어 낸 예술 작품)을 만든 사람이 자신이 만든 창작물에 대해서 가지는 법적 권리를 말해요. 다른 사람이 만든 캐릭터, 소설, 시, 음악, 연극, 그림, 사진, 영상 등을 사용할 때는 허락을 받고 사용료를 내어야 해요.
- **퍼블릭 도메인(public domain)**: 저작권이 끝나 누구나 자유롭게 이용할 수 있는 저작물을 말해요. 퍼블릭 도메인에 포함되면 허락 없이 작품을 이용하고 공유하고 재사용할 수 있어요.

신문 읽기

사진 설명: 셜록홈즈

2023년부터 아서 코난 도일의 전 세계적인 베스트셀러 시리즈 '셜록 홈스' 이야기를 누구나 공짜로 쓸 수 있게 됐어요.

지금까지는 셜록 홈스 캐릭터를 공짜로 쓸 수 없었어요

'셜록 홈스'는 1927년에 발표된 이후 지금까지 95년 동안 **저작권** 보호를 받았기 때문이에요. 저작권의 보호를 받는 기간이 처음에는 75년이었지만, 1998년에 저작권 기간을 더 길게 하는 법이 만들어지면서 저작권 유효기간이 20년 더 늘어났어요. 그래서 1927년에 나온 셜록 홈스는 2022년까지 총 95년간의 저작권 보호를 받았어요. 95년의 보호기간을 끝으로 2023년 1월 1일부터 누구나 셜록 홈스의 이야기를 사용할 수 있게 됐어요.

흑백 미키마우스도 이제 곧 무료로 사용할 수 있어요

95년간의 저작권 유효기간을 마치고 **공유재산**이 되기 시작한 캐릭터들이 하나둘 늘어나고 있는데요, 대표적인 캐릭터는 바로 미키마우스예요. 디즈니가 1928년에 만든 미키마우스의 **초기** 캐릭터의 저작권이 내년 2024년 1월에 끝난다고 해요. 그러나 저작권이 풀리는 미키마우스는 흑백 미키마우스이고, 빨간 반바지와 흰 장갑을 낀 컬러 미키마우스는 아직 저작권으로 보호된다고 해요. 앞으로 2034년 슈퍼맨, 2035년 배트맨, 2037년 원더우먼 등의 저작권이 **만료될** 예정이에요. 이런 캐릭터들을 누구나 사용할 수 있게 되면서, 이들을 이용한 또 다른 새로운 창작물이 나올 것으로 **예상하고** 있어요.

정리하기

◎ 다음 빈칸을 채우세요

새롭게 창작된 작품은 95년간의 ☐☐ 보호를 받아요.

◎ 맞으면 O, 틀리면 X 하세요.

1. 셜록 홈스 캐릭터와 이야기는 2022년까지 허락 없이는 사용할 수 없었어요. ☐
2. 미키마우스는 2024년부터 모든 캐릭터를 허락 없이 사용할 수 있어요. ☐
3. 저작권이 끝나는 작품들을 이용해 새로운 창작물이 나올 것으로 예상해요. ☐

◎ 신문 어휘 풀이

- **공유재산**: 공공의 목적에 사용하기 위하여 국가나 공공 단체가 소유하는 재산
- **초기**: 정해진 기간이나 일의 처음이 되는 때나 시기
- **만료되다**: 정해진 기한이 다 차서 끝나게 되다
- **예상하다**: 앞으로 있을 일이나 상황을 짐작하다

토론하기

Q. 저작권은 꼭 필요한 것일까요? 왜 필요하다고 생각해요?

28

500년 전, 할아버지의 할아버지의 할아버지…가 쓴 편지

배경 지식

- **국가지정문화재 보물**: 문화재청장이 문화재보호법 제23~26조까지의 규정에 따라 지정한 문화재를 말해요. 문화재청장은 문화재위원회의 심사를 거쳐 유형문화재 중 중요한 것을 보물로 정해요.

신문 읽기

사진 설명: 나신걸이 쓴 한글 편지

500년 전에 한글로 쓴 편지가 처음으로 발견되었어요. 무슨 이야기가 담겨 있을까요?

이 편지는 500년 전 조선시대에 쓰인 편지예요.

이 편지를 쓴 사람은 조선 초기 하급 군관인 나신걸 씨예요. 아내 신창 맹 씨에게 한글로 편지를 써서 보냈는데요, 대략 1490년대에 쓰인 것으로 추정되어요. 이 편지는 아내의 묘 안에서 발견되었어요. 훈민정음은 1443년에 창제되었는데요, 이 편지를 통해 1490년쯤 보통 백성들이 실생활에서 한글을 널리 사용했다는 것을 알 수 있어요. 이 편지로 15세기의 언어생활을 엿볼 수 있어서 연구 자료로도 큰 의미를 가져요.

편지에는 얼른 집에 가서 가족들을 만나고 싶어 하는 마음이 담겨 있어요.

나신걸 씨는 "집에 가서 어머님이랑 아기랑 다 반갑게 보려고 집에 가려고 했는데 장수가 자기는 혼자 가면서 나는 못 가게 하시니, 갈 수가 없네. 이렇게 서러운 일이 어디에 있을까?"라고 편지에 썼어요. 편지에는 가족을 얼른 만나

러 가고 싶은 마음, 자신이 집으로 돌아가기 전까지 잘 지내고 있으라는 내용이 담겨 있어요.

집에 가지 못하는 부하 직원의 속상함이 그대로 담긴 가장 오래된 한글 편지인 '나신걸 한글 편지'는 국가지정문화재 보물로 지정됐어요.

정리하기

◎ 다음 빈칸을 채우세요

나신걸의 한글 편지는 국가지정문화재 ☐☐ 로 지정될 예정이에요.

◎ 맞으면 O, 틀리면 X 하세요.

1. 500년 전 조선시대에 한자로 쓰인 편지가 발견됐어요. ☐
2. 1490년에는 백성들이 실생활에서 한글을 널리 사용했어요. ☐
3. 이 편지에는 가족을 빨리 만나고 싶어 하는 나신걸의 마음이 담겨 있어요. ☐

◎ 신문 어휘 풀이

- **하급**: 낮은 등급이나 계급
- **군관**: 조선 시대에, 각 군영과 지방 관아의 군무에 종사하던 낮은 벼슬아치
- **추정되다**: 미루어져 생각되어 판정되다
- **묘**: 사람의 무덤
- **엿보다**: 남이 알아차리지 못하게 해서 살펴보다
- **장수**: 군사를 거느리는 우두머리
- **지정되다**: 어떤 것이 공공 기관이나 단체, 개인 등에 의해 특별한 자격이나 가치가 있는 것으로 정해지다

토론하기

Q. 이 편지를 왜 국가지정문화재 보물로 지정하려고 할까요?

29 하루, 이틀 그다음은 삼일?

배경 지식

✓ **어휘력**: 어휘력이란 어휘를 다양하고도 풍부하게 말하고 쓸 수 있는 능력을 말해요.

신문 읽기

하루, 이틀 다음에 오는 말은 무엇일까요? 삼일일까요? 사흘일까요? 뭐가 맞는지 헷갈리는 사람들이 점점 늘고 있다고 해요.

하루 이틀 삼일 사흘? 뭐가 정답인 거죠?

최근 순우리말인 '사흘'의 '사'를 4로 착각해 4일이라고 이해하는 사람들이 많다고 해요. 얼마 전 한 가수는 실제로 노래 가사에 '하루 이틀 삼일 사흘 일주일이 지나가'라는 표현을 썼어요. '삼일'과 '사흘'은 똑같은 3일을 가리키는 말인데 그것을 잘못 쓴 것이지요. 순우리말로 날을 셀 때는 하루, 이틀, 사흘, 나흘, 닷새, 엿새, 이레, 여드레, 아흐레, 열흘의 순서로 세어요. 11일부터는 열하루, 열이틀, 21일은 스무하루, 스무이틀, 30일은 그믐이라고 해요.

이처럼 사람들의 어휘력이 점차 떨어지고 있어요

유튜브나 틱톡에 익숙한 10대들이 책이나 뉴스 기사를 읽기 힘들어한다는 소식이 여기저기에서 들려와요. '금일'은 오늘을 뜻하는 말인데 금요일로 이해하기도 하고요, '무료하다'는 심심하다는 뜻인데 공짜라고 해석하기도 해요. 시대에 따라 언어는 변해요. 하지만 기본적인 **고유어**는 배우고 익히고 기억하려는 노력이 필요해요. **전문가**들은 이를 위해서 독서를 통해 **어휘력**과 **상식**을 키울 필요가 있다고 한목소리로 말해요.

정리하기

◎ 다음 빈칸을 채우세요.

유튜브와 같은 영상에 익숙한 10대들의 ☐☐이 떨어지고 있어요.

◎ 맞으면 O, 틀리면 X 하세요.

1. 4일의 우리말 표현은 사흘이에요. ☐
2. 21일은 스무하루라고 말해요. ☐
3. 시대에 따라 언어가 변하니 고유어를 몰라도 괜찮아요. ☐

◎ 신문 어휘 풀이

- 고유어: 해당 언어에 본디부터 있던 말이나 그것에 기초하여 새로 만들어진 말
- 전문가: 어떤 분야를 연구하거나 그 일에 종사하여 그 분야에 상당한 지식과 경험을 가진 사람
- 상식: 사람들이 보통 알고 있거나 알아야 하는 지식

토론하기

Q. 1일, 2일, 3일…을 순우리말로 차례대로 말해 보세요.

30

우리 같이 웃어요, 하하하! 호호호!

배경 지식

✓ **전염성**: 남에게 옮아가는 성질을 말해요.

신문 읽기

옆에 있는 사람이 웃으면 나도 모르게 따라 웃게 돼요. 우리는 왜 자꾸 따라 웃게 되는 걸까요?

웃음은 사회적인 현상이에요

우리는 혼자 있을 때 웃기도 하지만 다른 사람과 함께 있을 때 웃을 확률이 30배나 더 높다고 해요. 다른 사람이 웃는 것을 보거나 들으면 그 정보는 바로 웃음을 담당하는 뇌로 **전달되고**, 이로써 우리가 웃게 되기 때문이에요. 이렇게 웃음은 사람들의 뇌와 뇌 사이에서 일어나는 직접적인 소통이기 때문에 웃음의 **전염**은 **즉각적**으로 일어나요. 또한 웃음은 사람과 사람 사이의 관계도 더 끈끈하고 강하게 만드는데요, 이는 사람들은 자신을 웃게 만드는 사람들과 오래도록 함께하고 싶어 하기 때문이에요. 웃음의 전염은 사람에게만 나타나는 것은 아니에요. 침팬지, 고릴라, 오랑우탄 등의 유인원들도 웃는 행동을 서로 흉내 낸다고 해요.

웃음은 우리를 건강하게도 만들어 줘요

과학자들은 모두 입을 모아 웃음이 우울과 불안을 **감소시키고** 기분을 좋게 하는 엔도르핀 **분비를 촉진해** 건강에 긍정적인 영향을 미친다고 했어요. 웃을 때 기분이 좋아지는 이유는 웃음을 통해 스트레스 호르몬이 낮아지기 때문이에요. 과학자들은 웃음이 건강에 미치는 긍정적인 효과와 전염성에 대해서 많은 것을 밝혀냈어요. 하지만 웃음의 전염성이 제일 처음 어디서 어떻게 학습되었는지는 아직 몰라요. 사람들은 남을 따라 웃는 법을 알지 못한 채 태어나는데, 그것을 언제부터 어떻게 배우게 되었는지에 대해서는 앞으로 더 연구해야 한다고 해요.

정리하기

◎ 다음 빈칸을 채우세요

다른 사람이 웃을 때 따라 웃게 되는 것이 웃음의 ☐☐ 이라고 해요.

◎ 맞으면 O, 틀리면 X 하세요.

1. 다른 사람이 웃는 것을 보고 따라 웃게 될 때까지 시간이 걸려요. ☐
2. 웃음의 전염은 사람들 사이에서만 있는 현상이에요. ☐
3. 과학자들은 사람들이 따라 웃는 법을 언제 어떻게 배웠는지 밝혀냈어요. ☐

◎ 신문 어휘 풀이

- 전달되다: 내용이나 뜻이 전해져 알려지다
- 전염: 병이 다른 사람에게 옮거나 다른 사람의 습관, 분위기, 기분 등에 영향을 받아 비슷하게 변함
- 즉각적: 바로 당장 하는 것
- 감소시키다: 양이나 수를 줄어들게 하다
- 분비: 세포에서 만들어진 액체를 세포 밖으로 내보내는 것
- 촉진하다: 다그쳐서 빨리 진행하게 하다

토론하기

Q. 웃음에는 전염성이 있다고 해요. 왜 그런지 이야기해 보세요.

31 중간이 사라졌다, 평균 실종 사태

배경 지식

- **평균**: 여러 수나 같은 종류의 양의 중간값을 갖는 수를 말해요. 주어진 자료의 모든 값을 더해서 자료의 개수로 나눈 값이에요.
- **빈부격차**: 한 사회에서, 가난한 사람과 부유한 사람이 지닌 재산의 차이.
- **양극화**: 서로 다른 집단이 점점 더 달라지고 멀어지게 되는 것.

신문 읽기

지난 3년간 전 세계 사람들은 코로나19 **팬데믹**으로 힘든 시간을 보내왔어요. 팬데믹을 겪으며 가난한 사람들은 더욱 가난해졌지만 부유한 사람은 오히려 더 늘었다고 해요.

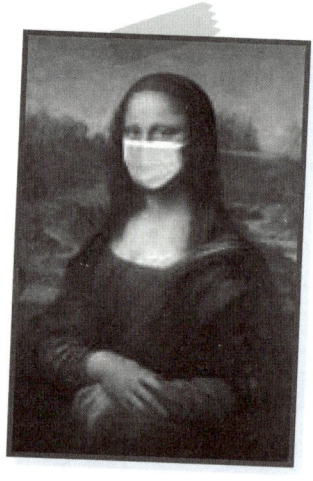

빈부격차가 더욱 심해졌어요

세계 **상위** 1% 부자들이 코로나19 팬데믹 2년 동안 나머지 99%의 2배 이상의 부를 차지했다는 조사 결과가 나왔어요. 국제구호기구 옥스팜은 세계경제포럼에서 세계가 팬데믹 위기를 겪는 동안 극심한 부와 빈곤이 동시에 **발생했다**고 했어요. 팬데믹 동안 **창출**된 부의 63%를 세계 상위 1%의 부자들이 가졌으며, 상위 1% 부자들은 **하위** 90%가 1달러를 버는 동안 약 170만 달러를 벌었다고 해요. 억만장자들의 수와 그들의 재산이 늘어 가는 동안 세계 인구 10명 중 1명꼴인 8억 2,000만 명 이상이 굶주림에 **시달리고** 있는 것으로 나타났어요.

평균이 사라진 시대

이처럼 부자는 더욱 부자로, 가난한 사람은 더욱 가난해지는 현상이 **극명하게** 드러나고 있어요. 이를 두고 '평균 실종'이라고 말하는데요, **평균** 실종이란 정치·경제·사회·문화 등 사회 전반에서 '중간'이 사라지는 현상을 말해요. **경기 침체**와 오래 지속된 팬데믹으로 인해 경제적으로 평균에 있던 사람이 사라지는 것이죠. 이들이 사라짐으로써 앞으로 **양극화** 현상은 더욱더 심해질 것이라고 전망해요.

정리하기

◎ 다음 빈칸을 채우세요

　□□□ 이란, 정치, 경제, 사회, 문화 등 사회 전반에서 '중간'이 사라지는 현상을 말해요.

◎ 맞으면 O, 틀리면 X 하세요.

1. 코로나19 팬데믹을 겪으면서 가난한 사람들도 부자가 될 기회를 얻었어요. □
2. 상위 1% 부를 차지하는 사람들은 점점 더 부자가 되었어요. □
3. 평균에 있던 사람들이 사라짐으로써 양극화 현상은 더 심해질 거예요. □

◎ 신문 어휘 풀이

- **팬데믹**: 전염병이 전 세계적으로 크게 유행하는 현상
- **상위**: 높은 위치나 지위
- **발생하다**: 어떤 일이 일어나다
- **창출되다**: 전에 없던 것이 처음으로 생각되어 지어내어지거나 만들어지다
- **하위**: 낮은 지위나 등급이나 위치
- **시달리다**: 괴로움이나 성가심을 당하다
- **극명하다**: 매우 분명하다
- **경기침체**: 매매나 거래 따위가 활발하게 이루어지지 못하고 제자리에 머묾

토론하기

Q. 코로나19 팬데믹 이후 어떤 일이 벌어졌어요?

32. 동물들이 아픈 건 싫어요. 이제는 비건 패션 시대!

배경 지식

- **비건**: 동물성 식품(고기, 우유, 달걀 등)을 전혀 먹지 않는 채식주의자.
- **비건 패션**: 가죽, 모피, 울 등의 동물성 소재를 사용하지 않고 동물 학대 없는 원재료를 이용해 만든 옷을 뜻하는 말이에요.

신문 읽기

사진 설명: 비건 열풍

최근 우리의 전반적인 생활 영역에 비건 열풍이 불고 있어요. 동물을 아프게 해서 얻은, 동물의 가죽이나 털로 만든 옷과 가방, 신발은 이제 거부하겠다는 사람들이 늘고 있어요.

동물들을 아프게 하는 건 이제 싫어요

동물 복지에 대한 사람들의 관심이 높아지면서 비윤리적인 과정을 통해 만들어진 제품을 사용하지 않겠다는 사람들이 많아지고 있어요. 다운 재킷이나 모피 제품을 만들기 위해 상당수의 동물들이 살아 있는 채로 고통을 받아야 하는데요, 이제는 더 이상 동물들의 희생을 모르는 척하지 않겠다는 사람들이 늘어난 것이지요. 이로써 식물로 제품을 만드는 비건 방식이 환영받고 있는데요, 이는 친환경과 가치소비를 지향하는 MZ세대의 생각과 맞아떨어져 젊은 사람들로부터 관심을 받고 있어요.

상상하지도 못했던 재료로 가죽을 만들어요

파인애플을 따고 난 뒤 버려지는 잎과 줄기로 가죽을 만들기도 하고요, 버섯을 사용해 비건 가죽을 만들기도 해요. 버섯 가죽은 감촉이 부드럽고 고급스러워 보여 인기가 많아요. 이 밖에도 질기고 튼튼한 선인장 가죽, 종이를 활용해 만든 가죽이 있어요. 꽃잎으로도 가죽을 만들 수 있는데요, 이것을 프레더(Fleather, 꽃을 의미하는 flower와 가죽을 의미하는 leather의 합성어)라고 불러요. 비건 가죽은 옷, 가방, 지갑, 신발 등 다양한 곳에서 활용되고 있어요. 동물들을 더 이상 아프게 할 필요도 없고 소가죽보다 탄소 배출도 적게 해 친환경적인 비건 가죽 사용이 앞으로 더 활발해질 것으로 기대하고 있어요.

정리하기

◎ 다음 빈칸을 채우세요
식물로 제품을 만드는 ☐☐ 방식이 인기를 끌고 있어요.

◎ 맞으면 O, 틀리면 X 하세요.
1. 동물로 만들 때보다 식물로 가죽을 만들 때 탄소 배출이 더 많아요. ☐
2. 비건 패션에 관심을 갖는 사람들이 늘어나고 있어요. ☐
3. 비건 가죽으로 만든 제품은 약해서 아직 제대로 사용할 수는 없어요. ☐

◎ 신문 어휘 풀이
- 전반적: 어떤 일이나 부문에 대하여 그것과 관계되는 전체에 걸친 것
- 열풍: 매우 세차게 일어나는 기운을 비유적으로 이르는 말
- 거부하다: 요구나 제의 따위를 받아들이지 않고 물리치다
- 가치소비: 본인의 가치 판단을 토대로 제품을 구매하는 합리적인 소비 방식
- 지향하다: 어떤 목표로 뜻이 쏠리어 향하다

토론하기

Q. 비건 패션은 어떤 재료로 옷과 가방을 만드는 것인지 이야기해 주세요.

33
듣고 볼 수 없어도 우린 다 느낄 수 있어요

배경 지식

- 감각: 눈, 코, 귀, 혀, 살갗을 통하여 바깥의 어떤 자극을 알아차리는 것을 말해요.

신문 읽기

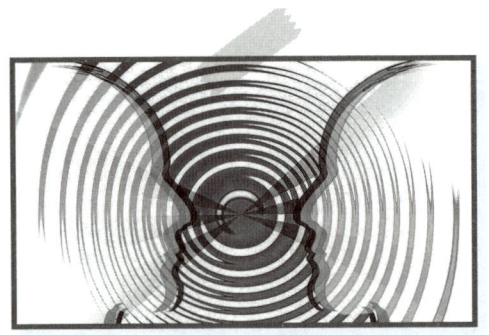

선천적으로 청각과 시각 장애를 가진 사람들도 일반적인 **감각**을 가진 사람과 **동일한** 뇌 활동이 일어난다는 연구 결과가 나왔어요.

우리의 뇌가 세상을 느끼는 방식

뇌는 우리가 바깥세상을 이해하고 알아가는 과정에서 시각과 청각, 촉각, 미각 등 모든 감각을 **총동원해**요. 그렇다면 선천적으로 시각, 청각 장애를 갖고 있는 사람들은 세상의 일부만 인식할 것으로 예상되는데요, 이에 대해 과학자들은 시각, 청각 장애를 갖고 있어도 뇌에서는 일반적인 감각 발달을 한 사람과 동일하게 느낄 수 있다는 연구 결과를 내놓았어요.

디즈니 애니메이션 『101마리 달마시안』으로 연구해 봤어요

연구팀은 시각장애인과 청각장애인, 일반적인 감각 발달을 지닌 사람들을 대상으로 실험을 했어요. 디즈니 애니메이션 『101마리 달마시안』을 보여 주면서 뇌에서 어떤 반응이 일어나는지 살펴보았어요. 시각장애인에게는 애니메이션 상황이 소리로 자세히 묘사된 오디오를 들려 줬고, 청각장애인에게는 자막으로 소리를 상세히 설명해 둔 비디오를 보여 주었어요. 그 결과, 청각장애인은 달마시안이 짖는 소리를 들을 수는 없었지만, 청각 정보와 관련한 뇌

부위가 활발하게 움직였고, 시각장애인의 경우 달마시안을 보지 못해도 실제 시각 정보를 받아들인 것과 같은 반응이 뇌에서 일어난 것이에요. 이 연구 결과를 통해, 우리는 사람의 뇌는 눈으로 직접 보지 않고 귀로 직접 듣지 않아도 실제 보거나 들은 것과 마찬가지로 외부 세계를 알아챌 수 있다는 사실을 알 수 있게 됐어요.

정리하기

◎ 다음 빈칸을 채우세요
청각과 시각 장애를 가진 사람들도 일반적인 감각을 가진 사람과 ☐☐ 뇌 활동이 일어나요.

◎ 맞으면 O, 틀리면 X 하세요.
1. 뇌는 바깥세상을 인식할 때 선택적으로 감각 기관을 활용해요. ☐
2. 청각장애인은 청각 정보 부분의 뇌가 움직이지 않아요. ☐
3. 사람의 뇌는 직접 보거나 듣지 않아도 실제 경험한 것처럼 세계를 알아채요. ☐

◎ 신문 어휘 풀이
- 선천적: 태어날 때부터 지니고 있는 것
- 동일하다: 어떤 것과 비교하여 똑같다
- 총동원하다: 사람, 물자 따위의 모든 것을 집중시키다
- 인식: 사물을 분별하고 판단하여 아는 것

토론하기

Q. 이 연구를 통해서 어떤 사실을 알게 되었어요?

34

고쳐서 오래오래 쓸래요. 우리에게 수리권을 주세요

배경 지식

- **수리권**: 보증 기간에 구애받지 않고 소비자가 제품을 수리받거나 직접 물건을 자유롭게 수리할 수 있는 권리를 말해요.

신문 읽기

사진 설명: 고장 난 핸드폰

고장 난 전자제품을 제대로 수리받을 수 없어서 어쩔 수 없이 새 제품을 사야 할 때가 많아요. 수리해서 오래 쓸 수 있는 방법은 없는 걸까요?

<u>해외 많은 나라에서 전자제품을 직접 고쳐 쓰는 수리권을 보장하고 있어요</u>

'수리권'이란 소비자가 제품을 자유롭게 수리해 쓸 수 있는 권리를 보장해 주는 것을 말해요. 수리권은 버려지는 전자제품에서 나오는 수많은 전자폐기물을 줄여 보자는 취지에서 나오게 됐어요. 전자제품을 오래 쓰고 싶지만, 고장이 났을 때 수리 비용이 많이 들거나 수리에 필요한 부품이 없어서 새 제품을 사야만 하는 때가 많았는데요, 이러한 상황을 막고자 해외에서는 수리권을 보장하기 시작했어요. 미국에서는 소비자가 제조사에서 직접 부품을 구매해서 수리할 수 있고요, 프랑스에서는 제품 수리 난이도표를 소비자들에게 주기도 해요.

<u>한국도 소비자 수리권 보장을 위해 준비하고 있어요</u>

우리나라 환경부도 전자제품을 오래 사용할 수 있도록 수리에 필요한 부품

을 확보하는 등 수리권 보장에 대한 기준을 올해 안에 마련하겠다고 했어요. 한국에서는 부품을 구할 수 없어서 직접 수리할 수도, 수리를 받을 수 없을 때도 많아요. 심지어 고쳐 쓰는 것 대신 새 제품을 사라고 강요받기도 해요. 그러나 수리권이 보장되면 기업이 고객들에게 새 제품을 구매하도록 강요하는 것을 막을 수 있을 것으로 보여요. 더 나아가 수리권 보장을 통해 환경도 지킬 수 있을 거예요. 폐기된 전자제품이 환경오염을 일으키기 때문이에요. 수리권 보장을 통해 전자제품 사용 기한이 늘어나게 되면 소비자의 부담을 줄이고 환경도 지킬 수 있을 것으로 기대돼요.

정리하기

◎ 다음 빈칸을 채우세요
소비자가 제품을 자유롭게 수리해서 쓸 수 있는 권리를 ☐☐ 이라고 해요.

◎ 맞으면 O, 틀리면 X 하세요.
1. 한국에서는 소비자가 자유롭게 부품을 사서 제품을 수리할 수 있어요. ☐
2. 프랑스에서는 제품 수리 난이도에 대해서 소비자에게 알려 줘요. ☐
3. 전자제품을 수리해서 오래 쓰면 환경보호에도 도움을 줘요. ☐

◎ 신문 어휘 풀이
· 보장하다: 어떤 일이 어려움 없이 이루어지도록 조건을 마련하여 보호하다
· 취지: 어떤 일의 근본이 되는 목적이나 중요한 뜻
· 부품: 기계 따위의 어떤 부분에 쓰는 물품
· 난이도: 어려움과 쉬움의 정도
· 확보하다: 확실히 보증하거나 가지고 있다
· 마련하다: 어떤 상황에 대비한 계획이나 생각을 정리해 두다
· 폐기: 못 쓰게 된 것을 버림

토론하기

Q. 물건에 대한 수리권이 보장되면 어떤 장점이 있어요?

35

조심! 좀비가 될지도 몰라요

배경 지식

- **스몸비:** 스마트폰(smart phone)과 좀비(zombie)의 합성어로 스마트폰을 보며 길을 걷는 사람을 뜻해요.

신문 읽기

사진 설명: 스몸비족

길에서 스마트폰을 보면서 걷느라 앞을 제대로 보지 않고 걷는 사람들이 많아요. 스마트폰에 집중하느라 주위를 살피지 못해서 크고 작은 사고가 발생하기도 해요.

이런 사람들을 '스몸비족'이라고 불러요

스몸비족이란 스마트폰과 좀비의 **합성어**예요. 스마트폰을 보며 걷기 때문에 걸음걸이가 마치 좀비와 비슷하다는 데서 나온 말이죠. 2020년 한국교통안전공단이 조사한 바에 따르면 횡단보도를 건널 때 전체 **보행자** 중 약 15%가 스마트폰을 사용하고 있는 것으로 나타났어요. 실제로 스마트폰 사용 중에 발생한 보행자 교통사고가 크게 늘고 있어요. 횡단보도뿐만 아니라 지하철에서도 스마트폰만 보며 걷다가 열차와 승강장 사이에 발이 빠지는 사고가 일어나기도 해요.

보행자의 안전을 위해 LED 바닥 신호등을 설치하기 시작했어요

LED 바닥 신호등은 횡단보도 신호 대기선에 LED 램프를 **설치한** 것인데요, 앞을 제대로 살피지 못해서 발생하는 보행자 사고를 예방해 줄 수 있는 보조 장치예요. 또한 '스몸비' 학생들의 안전을 위해 스쿨존과 등하굣길 안에서는 전화 통화를 제외한 다른 앱 사용이 **차단되는** 기술도 개발이 되었어요. 기업에도 '스몸비' 사고 예방을 위해서 적극 나서고 있어요. 삼성전자와 한국GM에서는 회사 내 보행 중 스마트폰 사용을 금지했어요. 스마트폰을 과도하게 사용하면 신체적, 정신적 건강에 나쁜 영향을 줘요. 길을 걸을 때 스마트폰을 보며 이동하지 않기, 식사할 때 디지털 기기를 보지 않기 등 스마트폰 사용을 줄여 나가려는 노력이 필요해요.

정리하기

◎ 다음 빈칸을 채우세요

길을 걸을 때 스마트폰을 보며 좀비처럼 걸어가는 사람을 ☐☐☐ 이라고 해요.

◎ 맞으면 O, 틀리면 X 하세요.

1. 스몸비족은 주위를 제대로 보지 못해 크고 작은 사고를 당하기 쉬워요. ☐
2. 15%의 보행자만이 핸드폰을 보지 않고 걸어요. ☐
3. 스마트폰 사용은 신체 건강에는 큰 영향을 미치지 않아요. ☐

◎ 신문 어휘 풀이

- 합성어: 둘 이상의 실질 형태소가 결합하여 하나의 단어가 된 말. '집안', '돌다리' 따위이다
- 보행자: 걸어서 길거리를 왕래하는 사람
- 설치하다: 어떤 일을 하는 데 필요한 기관이나 설비 따위를 베풀어 두다
- 차단되다: 다른 것과의 관계나 접촉이 막히거나 끊어지다
- 과도하다: 정도에 지나치다

토론하기

Q. 길에서 스몸비족을 본 적이 있어요? 스몸비족이 위험한 까닭은 무엇일까요?

36

찰리와 초콜릿 공장이 다시 태어났어요

배경 지식

✓ **로알드 달**: 세계에서 가장 인기 있는 영국의 아동문학 작가예요.

신문 읽기

사진 설명: 로알드 달 책

『찰리와 초콜릿 공장』, 『마틸다』 등으로 세계에서 가장 인기 있는 아동문학 작가인 **로알드 달**의 작품 속 표현이 수정되어 다시 **출간**되었어요.

로알드 달 책 속 이런저런 표현들이 바뀌었어요

1990년 세상을 떠난 로알드 달은 환상적인 내용으로 세계적인 인기를 얻은 아동문학 작가지만, 그의 작품 속에는 **인종차별**이나 **여성혐오**를 나타내는 표현이 있어서 그동안 **비난**을 받아 왔어요. 그래서 출판사는 작품 속 **차별**적인 언어들을 수정했는데요, 예를 들면, 『찰리와 초콜릿 공장』의 캐릭터 '아우구스투스 글룹'의 '뚱뚱한(fat)' 대신 '거대한(enormous)'으로, 소인족 움파룸파를 묘사하는 말로 아기에게 쓰이는 '아주 작은(tiny)' 대신 '작은(small)'으로 바꾸었어요. 『마틸다』의 경우, 마틸다가 남성 작가의 소설을 즐겨 읽는 것으로 그려졌는데, 이제 여성 작가 소설을 읽는 것으로 묘사했어요. 이 외에도 인종, 정신건강과 관련된 수백 가지 표현을 수정했어요.

이러한 수정에 대해서 반대하는 사람들도 있어요

  출판사는 많은 사람들이 로알드 달의 작품을 즐길 수 있도록 앞으로도 올바른 어휘로 고쳐 나갈 계획이라고 밝혔어요. 그러나 이에 대해 반대하는 사람들은 로알드 달이 하나하나 신경써서 쓴 어휘를 사회적 분위기 때문에 출판사가 마음대로 수정해 버린 것은 매우 이상한 일이라고 말했어요. 영국 총리도 로알드 달의 작품을 바꾼 것에 대해 비판했어요.

정리하기

◎ 다음 빈칸을 채우세요
  출판사는 로알드 달 작품 속 ☐☐ 인 표현을 지우고 고쳤어요.

◎ 맞으면 O, 틀리면 X 하세요.
1. 로알드 달의 작품 속에는 차별적 표현들이 있었어요. ☐
2. 출판사는 앞으로는 로알드 달 작품 속 표현들을 수정하지 않겠다고 밝혔어요. ☐
3. 로알드 달 작품 속 표현을 수정한 것에 대해 모두가 크게 환영했어요. ☐

◎ 신문 어휘 풀이
- 출간: 서적이나 회화 따위를 인쇄하여 세상에 내놓음
- 인종차별: 인종적 편견 때문에 특정한 인종에게 사회적, 경제적, 법적 불평등을 강요하는 일
- 여성혐오: 여성을 싫어하고 미워하는 일
- 비난: 남의 잘못을 책잡아서 나쁘게 말함
- 차별적: 차별이 있거나 차별을 두는 것

토론하기

Q. 로알드 달 작품 속의 차별적인 표현을 출판사가 고쳐 쓴 것에 대해서 여러분은 어떻게 생각해요? 이것에 대해 토론을 해 보세요.

37

줄어드는 아이들 그리고 사라지는 어린이집

배경 지식

- **인구절벽**: 일을 할 수 있는 나이의 사람들(15~64세)이 빠른 속도로 줄어드는 현상을 말해요. 인구절벽 현상이 일어나면 생산과 소비가 줄어들어서 심각한 경제위기가 발생할 수 있어요.

신문 읽기

최근 4년간 전국 어린이집 5곳 중 1곳이 문을 닫았다고 해요. 그동안 무슨 일이 일어난 걸까요?

사진 설명: 폐교한 교실

사라지는 유치원과 학교들

복지부는 어린이집이 사라지고 있는 원인으로 저출생을 들고 있어요. 통계청 자료에 따르면 2017년 35만 7천 771명이었던 출생아 수는 2021년 26만 562명으로 줄었고, 2022년은 1~11월까지 23만 1천 862명만이 태어났어요. 태어난 아이들 수가 줄어든 만큼 어린이집에 다니는 아이들의 수도 2018년에 비해 22.6%나 줄었어요. 어린이집뿐만 아니라 초·중·고등학교도 사라질 위기에 처했어요. 과거에는 농촌에서만 폐교되었지만, 이제는 서울 한복판에서도 폐교되는 학교가 생기기 시작했어요.

인구절벽은 한국만의 문제가 아니에요

저출산으로 인한 인구절벽 현상이 나타나고 있어요. 인구절벽이란 한 국가의 인구가 급격히 줄어들어 인구 분포가 절벽처럼 깎인 모습을 보인다는 말이에요. 2022년 유엔 세계 인구 전망 보고서에 따르면, 세계 238개국 중 낮은 출산율 순으로 홍콩(1위·0.75명), 한국(2위·0.88명), 싱가포르(5위·1.02명), 마카오(6위·1.09명), 대만(7위·1.11명), 중국(10위·1.16명) 등 동아시아 총 6개국이 세계 10위권 내 순위를 차지했어요. 인구절벽 현상은 다른 지역 국가들에 비해 동아시아 국가들에서 심하게 나타나고 있어요. **급격한** 인구 **감소**로 경제 활동을 할 수 있는 사람들이 줄어들어 심각한 경제위기를 맞게 될 것이라는 우려가 커지고 있어요.

정리하기

◎ 다음 빈칸을 채우세요

☐☐☐☐ 이란 한 나라의 인구가 빠른 속도로 줄어드는 현상을 말해요.

◎ 맞으면 O, 틀리면 X 하세요.

1. 태어나는 아이들의 수가 점점 줄고 있어요. ☐
2. 유치원과 달리 도심에서의 초중고등학교는 폐교되지 않았어요. ☐
3. 인구절벽 현상은 동아시아 국가들에서 유독 심하게 나타나요. ☐

◎ 신문 어휘 풀이

- **저출생**: 일정한 기간에 태어난 사람의 수가 적음
- **통계청**: 인구 조사 및 각종 통계에 관한 사무를 맡는 중앙 행정 기관
- **농촌**: 주민의 대부분이 농업에 종사하는 마을이나 지역
- **폐교**: 학교 문을 닫음
- **저출산**: 아이를 적게 낳음
- **분포**: 일정한 범위에 흩어져 퍼져 있음
- **급격하다**: 변화의 움직임 따위가 급하고 격렬하다
- **감소**: 양이나 수치가 줆

토론하기

Q. 인구가 급격하게 줄어들면 어떤 문제가 발생할까요?

03

세계

38 모두가 아픈 전쟁, 이제 좀 그만해요
39 왜 여자들에게만 얼굴을 가리라고 하는 거죠?
40 중국은 왜 자꾸 '하나의 중국'이라고 할까요?
41 한국이 얼마나 인기가 많은 나라냐면
42 케냐 아이들이 학교로 돌아왔어요
43 백지 시위가 시작된 중국, "우리의 입을 막을 순 없어요."
44 여자는 인형, 남자는 자동차? 이제 이런 광고는 금지
45 갈 곳 없는 사람들의 슬픈 이야기
46 러시아! 언제까지 심술부릴 거야?
47 우크라이나, 우리가 도와줄게요! 비버 올림.

48   집들이 먼지처럼 내려앉고 말았어요
49   인도에서 발견된 하얀 석유 이야기
50   우리는 아직 꿈을 잃지 않았어요
51   아프간 여성들에 대한 차별을 멈춰 주세요
52   일본이 오염수를 바다에 흘려보내면
53   세계는 지금 덜 녹는 아이스크림 개발 중
54   프랑스 맥도날드에서 인기 폭발한 그것은 바로
55   틱톡! 지금 당장 삭제하세요
56   우리가 살아가고 있는 시대의 이름은 뭘까요? 알아맞혀 보세요

38. 모두가 아픈 전쟁, 이제 좀 그만해요

배경 지식

- **우크라이나-러시아 전쟁**: 2022년 러시아의 우크라이나 침공으로 인해 시작된 러시아와 우크라이나 간의 전쟁이에요. 줄여서 러우전쟁 또는 우러전쟁이라고도 불러요.

신문 읽기

사진 설명: 돌고래

우크라이나와 러시아 전쟁 때문에 돌고래들이 죽어 가고 있어요. 이 전쟁으로 흑해에서 죽은 돌고래 수가 무려 5만 마리나 된다고 해요.

돌고래들이 얼마나 많이 다치고 아픈 건가요?

흑해 주변 해변가에서 죽은 돌고래가 발견되고 있어요. 사실 해변에 밀려온 죽은 돌고래는 전체 죽은 돌고래의 5%밖에 되지 않는대요. 나머지 95%는 바다 밑으로 가라앉은 것이죠. 즉, 눈에 보이는 것보다 훨씬 더 많은 돌고래들이 고통받으며 죽어 가고 있다는 거예요.

사람들이 벌인 전쟁 때문에 돌고래들이 죽어 가는 이유는

러시아의 배와 **잠수함** 때문이에요. 배에서 내는 **소음** 때문에 돌고래와 다른 바다 생물들이 방향 감각을 잃어서 먹이를 못 구하거나 **지뢰**에 부딪혀 죽는다고 해요. 혹은 폭탄에 의한 화상을 입기도 하고요, 배에서 나온 기름 때문에 바다가 **오염**되면서 바다 생물들에게 나쁜 영향을 주고 있어요. 바다 생물들에게도 전쟁은 큰 재앙이에요. 모두가 아픈 전쟁, 왜 해야만 하는 걸까요?

정리하기

◎ 다음 빈칸을 채우세요.

☐ 때문에 돌고래들이 죽어 가고 있어요.

◎ 맞으면 O, 틀리면 X 하세요.

1. 배에서 내는 소음 때문에 돌고래들이 방향 감각을 잃어요. ☐
2. 기름 때문에 바다가 오염되었지만, 이것이 문제는 아니에요. ☐
3. 전쟁은 사람들에게만 나쁜 영향을 미치고 있어요. ☐

◎ 신문 어휘 풀이

- 흑해: 유럽과 아시아의 경계에 있는 바다
- 잠수함: 물속을 다니면서 적과 싸우는 전투함정
- 소음: 불쾌하고 시끄러운 소리
- 지뢰: 땅속에 묻고 그 위를 무언가가 지나가면 폭발하도록 만든 폭약
- 오염: 더러워지는 것
- 재앙: 뜻하지 않게 생긴 불행한 일

토론하기

Q. 돌고래들이 죽어 가는 이유가 뭐였어요? 기억나는 대로 설명해 보세요.

39

왜 여자들에게만 얼굴을 가리라고 하는 거죠?

배경 지식

 히잡: '히잡'은 이슬람 여성 전통 복장으로, '가리다'라는 뜻을 가져요. 머리에서 가슴까지 내려오는 천인데요, 이것으로 머리를 덮어 머리카락과 어깨, 가슴을 가리고 얼굴만 내놓아요.

신문 읽기

이란의 22살 마흐사 아미니는 2022년 9월, **히잡**을 제대로 쓰지 않았다는 이유로 경찰에 잡혔어요. 그리고 **체포된** 지 사흘 만에 **사망하고** 말았어요.

히잡이 뭐길래, 안 썼다고 경찰에 잡혀가나요?

사진 설명: 시위

사실 히잡은 중동 지방의 **풍습** 중 하나였어요. 중동 사람들은 강한 햇빛과 모래바람으로부터 피부를 보호하기 위해 머리에 두건을 썼어요. **남녀노소** 가릴 것 없이 모두가 말이죠. 그런데 시간이 지나면서 여자를 보호한다는 이유로 여자에게만 히잡을 쓰게 했어요. 여자의 머리카락이 보이면 위험하다고 하면서요. 그 이후로 히잡을 쓰는 것은 여성들만 반드시 지켜야 하는 법칙이 되어 버렸어요. 여성들이 히잡을 쓰지 않으면 일자리를 잃거나 심지어 **폭행**을 당하는 일까지 생겼어요.

사람들의 시위가 시작됐어요

아미니가 히잡을 제대로 쓰지 않았다는 이유로 체포되어 사흘 만에 죽은 채 발견되자, 사람들은 거리로 나가 "여성, 삶, 자유"라는 구호를 외치며 **시위**를 시작했어요. 여성들뿐만 아니라 노동자, 대학생, 심지어 고등학생까지도 거리로 나섰어요. 시위는 더욱더 거세지고 있지만, 이란 정부는 시위에 찬성하는 사람들조차 모두 체포하는 등, 힘으로 시위를 강하게 막고 있어요. 전 세계 사람들이 이란 정부를 비판하고 있어요. 도대체 왜 이란 정부는 히잡 때문에 사람들을 짓누르는 걸까요?

정리하기

◎ 다음 빈칸을 채우세요

☐☐ 은 이슬람에서 여성들에게만 강요되는 복장으로, 머리를 덮는 천이에요.

◎ 맞으면 O, 틀리면 X 하세요.

1. 옛날에는 중동 지방의 햇빛과 모래바람 때문에 남녀노소 모두 히잡을 썼어요. ☐
2. 이란의 아미니라는 여성이 히잡을 제대로 쓰지 않아서 경찰에 체포되었어요. ☐
3. 이란에서 일어난 시위에는 여성들만 참여하고 있어요. ☐

◎ 신문 어휘 풀이

- 체포되다: 죄를 지었거나 죄를 지었을 것으로 의심되는 사람이 잡히다
- 사망하다: 사람이 죽다
- 풍습: 옛날부터 그 사회에 전해 오는 생활 전반에 걸친 습관
- 남녀노소: 남자와 여자, 노인과 젊은이라는 뜻으로 모든 사람을 이르는 말
- 폭행: 거친 행동
- 시위: 많은 사람들이 무리를 지어 공개적인 장소에서 자신들의 주장을 폄

토론하기

Q. 히잡을 쓰지 않는 사람들을 체포하거나 짓누르는 이란에 대해서 여러분은 어떻게 생각해요? 자유롭게 이야기해 보세요.

40 중국은 왜 자꾸 '하나의 중국'이라고 할까요?

배경 지식

- **중국과 대만**: 1949년 중국에서 공산당과 국민당이 서로 싸웠는데요, 싸움에서 진 국민당은 타이완섬에 가서 대만을 세웠어요. 그래서 중국은 대만을 하나의 독립된 나라가 아닌, 중국의 일부라고 생각하고 대만은 자신들은 중국과 다른, 독립된 나라라고 주장해요.

신문 읽기

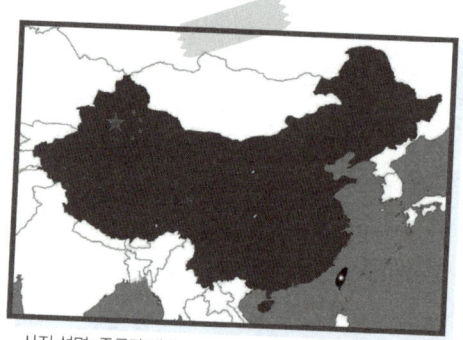

사진 설명: 중국과 대만

중국과 대만의 싸움이 날로 심각해지고 있어요. 중국은 이제 전쟁을 통해서라도 대만 통일을 하겠다고 목소리를 높이고 있어요. 중국은 왜 대만을 가만두지 않는 걸까요?

하나의 중국! 중국은 하나라고!

중국은 홍콩과 마카오를 완전히 손에 넣으면서 중국으로 만드는 데 성공했어요. 이제 남은 것은 하나, 바로 대만이에요. 대만까지 통일을 이루면 시진핑이 꿈꾸는 하나의 중국을 이룰 수 있는 것이죠.

한 곳이라도 독립을 인정할 수 없다?

중국이 대만 독립을 더욱 반대하는 이유는 또 하나 더 있어요. 중국은 세계에서 가장 다양한 민족이 모여 사는 나라예요. 모두 56개의 민족으로 이루어졌거든요. 그런데 대만 독립을 인정해 버리면 이곳저곳에서 자기들도 독립하겠다고 나설까 봐 걱정돼서 더 힘껏 막고 있어요. 또한 중국 젊은 세대들의 지나친 애국심은 대만을 통일해야 한다는 주장에 힘을 실어 주고 있어요. 코로나로 많은 중국인들이 지치고 경제도 나빠졌는데요, 이런 분위기를 바꾸기 위해서 내민 카드가 '대만을 힘으로 통일하자'라는 것이에요. 우리와 가까운 대만과 중국. 이 두 나라는 어떻게 될까요?

정리하기

◎ 다음 빈칸을 채우세요

중국은 전쟁을 해서라도 대만 ☐☐을 이루겠다고 해요.

◎ 맞으면 O, 틀리면 X 하세요.

1. 중국은 홍콩과 대만만 통일시키면 하나의 중국을 이룰 수 있어요. ☐
2. 중국은 대만을 독립시키면 다른 민족들도 독립을 주장할까 봐 걱정해요. ☐
3. 중국의 젊은 세대들은 대만 통일에 대해서 반대하고 있어요. ☐

◎ 신문 어휘 풀이

- 통일: 나누어지거나 갈라진 것들을 합쳐서 하나가 되게 함
- 독립: 한 나라가 완전한 주권을 가짐
- 민족: 오랫동안 일정한 지역에서 함께 생활하면서 고유한 언어, 문화, 역사를 이룬 사람들의 집단
- 애국심: 자신의 나라를 사랑하는 마음

토론하기

Q. 중국이 대만의 독립을 반대하는 이유는 뭐예요? 여러분은 이에 대해서 어떻게 생각해요?

41 한국이 얼마나 인기가 많은 나라냐면

배경 지식

● **한류열풍**: 한국 문화가 세계에서 인기가 많아지고 사랑받는 현상을 말해요. 한류는 아시아를 중심으로 퍼져나갔고 최근에는 유럽과 미국에까지 퍼져나가서 한국 문화와 상품에 대한 전 세계 사람들의 관심이 커지고 있어요.

신문 읽기

K팝과 한국 드라마에 푹 빠져 한국어를 배우기 시작하는 외국인들이 늘고 있어요. 스웨덴에서도 한류열풍이 불기 시작했다고 해요.

한국어를 배우려는 사람들이 계속 늘고 있어요

지난 2009년 '한류' 바람을 타고 한국어를 배우려는 외국인들이 계속 늘고 있어요. 이들은 K팝이나 한국 드라마를 좋아하게 되면서 한국어도 배우기 시작했어요. 스웨덴 스톡홀름대의 경우, 2009년에는 한국어 학생이 30명에 **불과했는데**, 2020년에는 약 100명으로 **증가했어요**. 베트남에서는 2021년에 한국어가 제1외국어로 **선정되면서** 초등학교 3학년 때부터 한국어를 학교에서 배울 수 있게 됐어요.

한국 문화를 더 알고 싶어요

한국어를 배우겠다는 열풍뿐만 아니라 전 세계, 전 연령의 마음을 사로잡은 것은 바로 한국 음식이에요. 스웨덴에서 설문조사한 결과, 스웨덴 사람들이 가장 관심 있어 하는 한국 문화 1위로 한국 음식이 선정됐어요. 실제 스웨덴에서는 한국 치킨을 파는 '몬스터 치킨'이 2022년 9월에 문을 열었는데, 첫

날부터 가게 앞에는 치맥을 즐기러 온 사람들로 북적였어요. 특별한 점은 이곳을 찾은 사람들 대부분이 스웨덴에서 사는 한국인들이 아닌, 스웨덴 현지인이었다는 점이에요. 그만큼 한국 음식에 대한 외국인들의 반응이 뜨거운 것이죠. 한국 문화는 세련되고 앞서 나간다는 인식이 전 세계에 퍼지고 있어요. 하루가 달리 높아지는 한국의 위상, 앞으로도 기대가 돼요.

정리하기

◎ 다음 빈칸을 채우세요

한국 문화가 세계에서 인기가 많아지고 사랑받는 현상을 [　　　]이라고 해요.

◎ 맞으면 O, 틀리면 X 하세요.

1. 한국어를 배우려는 외국인들이 계속 늘고 있어요. [　]
2. 한국 음식의 인기는 그 나라에 사는 한국인들이 즐겨찾기 때문이에요. [　]
3. 세계에서 한국의 위상은 하루가 달리 높아지고 있어요. [　]

◎ 신문 어휘 풀이

- 불과하다: 어떤 수량에 지나지 않은 상태이다
- 증가하다: 수나 양이 더 늘어나거나 많아지다
- 선정되다: 여럿 가운데 목적에 맞는 것이 골라져 정해지다
- 현지인: 그 지역에 터전을 두고 사는 사람
- 위상: 어떤 사물이 다른 사물과의 관계 속에서 가지는 위치나 상태

토론하기

Q. 여러분이 외국 친구를 만나 한국의 자랑거리를 소개해 준다면 무엇을 가장 먼저 이야기해 주고 싶어요?

42

케냐 아이들이 학교로 돌아왔어요

배경 지식

- 태양광 에너지: 태양의 빛을 이용해 얻는 에너지
- 급수 시설: 물을 공급하는 시설

신문 읽기

마지막으로 내린 비는 4년 전. 기후변화로 인한 가뭄이 적도의 나라, 케냐를 덮쳤어요.

물을 구하기 위해 어린아이들이 걸어야 하는 거리는 매일 20km

사진 설명: 학교로 돌아온 아이들

케냐 북서부에 있는 투르카나는 **연평균** 기온이 40도가 넘는 사막 **기후**의 땅이에요. 주민들은 땅에 구멍을 파 내려가면서 물을 찾아요. 물을 찾기 위해 파낸 곳을 '스쿱홀(Scoop hole)'이라고 하는데, 가뭄으로 물이 말라 버리면서 지하 20m에서야 물을 얻을 수 있어요. 지하 20m에서 물을 떠 지상 위로 올리기 위해서는 어린아이 12명이 필요해요. 신발도 없이 지하로 내려가 서로가 서로에게 물을 전달하다가 다치는 일은 허다해요. 이 물은 대부분 흙탕물이지만 흙탕물이라도 구하기 위해 아이들은 매일 20km의 거리를 걸어야 했어요.

한국 정부와 유니세프가 함께 태양광을 이용해 급수 시설을 만들었어요

급수 시설이 들어오자 아이들은 매일 20km의 거리를 걷지 않아도 집 바로 옆에서 물을 구할 수 있게 됐어요. 물이 들어오면서 물 부족으로 인한 어린아이들의 설사병이 줄었고, 손을 자주 씻을 수 있게 되면서 코로나 감염 예방에도 큰 도움이 되었어요. 또한 아이들이 먼 곳까지 물을 찾으러 가지 않아도 되면서 아이들이 학교로 돌아오고 있어요. 극심한 기후변화로 인한 가뭄으로 고통받던 케냐 사람들에게 물이 원활하게 공급되면서 주민들의 영양상태와 교육에 많은 도움이 되고 있어요.

정리하기

◎ 다음 빈칸을 채우세요

한국 정부와 유니세프가 　　　 에너지를 이용해 급수 시설을 만들었어요.

◎ 맞으면 O, 틀리면 X 하세요.

1. 기후변화로 인한 가뭄으로 케냐에는 4년 전에 마지막으로 비가 내렸어요. 　
2. 급수 시설이 만들어진 후에도 물을 찾기 위해 20m까지 땅을 팠어요. 　
3. 급수 시설이 생기면서 아이들의 설사병이 줄고 코로나 예방도 하게 됐어요. 　

◎ 신문 어휘 풀이

- 적도: 지구의 남북 양극으로부터 같은 거리에 있는 곳. 적도 지역은 태양의 직사광선을 받는 일이 많다
- 연평균: 1년을 단위로 하여 내는 평균
- 기후: 기온, 비, 눈, 바람 따위의 대기 상태
- 허다하다: 수효가 매우 많다
- 원활하다: 거침이 없이 잘 나가는 상태에 있다
- 공급되다: 요구나 필요에 따라 물건이나 돈 등이 제공되다

토론하기

Q. 물이 부족한 케냐 사람들에게 우리는 어떤 도움을 줄 수 있을까요? 가족들과 이야기를 나눠 보세요.

43

백지 시위가 시작된 중국, "우리의 입을 막을 순 없어요."

배경 지식

- **백지 시위**: 2022년 11월 중국 정부의 '제로 코로나' 정책에 항의하며 시작된 시위예요. 시위 참가자들이 검열과 통제에 저항한다는 의미로 아무런 구호를 적지 않은 종이를 든 데서 붙여진 이름이에요.

신문 읽기

사진 설명: 백지 시위

중국 사람들이 백지를 들고 거리에 나왔어요. 우루무치에서 시작된 백지 시위는 베이징, 상하이를 거쳐 중국 전역으로 퍼져 나갔어요.

백지 시위의 시작은 중국 정부의 제로 코로나 정책 때문이에요

중국은 지난 3년간 코로나 감염자가 발생하면 그 지역을 철저히 봉쇄하는 '제로 코로나' 정책을 펼쳤어요. 그러던 중 11월 24일 우루무치에 있는 한 아파트에서 10명이 사망하는 화재 사고가 발생했어요. 당시, 코로나 때문에 그 아파트를 막아 두는 바람에 소방관이 불을 빨리 끌 수가 없었다고 해요. 이 사건을 계기로, 중국의 지나친 코로나 정책에 화가 난 사람들이 백지를 들고 시위에 나섰어요. 시위대는 코로나 정책에 반대하는 것을 넘어, 언론 자유와 사람들의 인권을 보장하라고 외치기 시작했어요.

중국 사람들이 백지 시위를 하는 이유

시위 참가자들은 아무런 말도 쓰여 있지 않은 흰 종이를 들고 시위를 해요. 중국에서는 정부에 대한 비판을 공개적으로 하면 벌을 받을 수 있어요. 하지만 한

글자도 적혀 있지 않은 종이를 들고 있으면 벌을 줄 이유가 없는 것이죠. 시민들은 이렇게 백지를 듦으로써 중국의 통제에 저항하기 시작한 거예요. 백지 시위는 1989년 '톈안먼 사태' 이후 가장 큰 규모의 반정부 시위였어요. 이로써 시진핑 주석은 결국 중국의 코로나 규제를 크게 낮추고 위드 코로나로 방향을 바꾸기 시작했어요.

정리하기

◎ 다음 빈칸을 채우세요

□□□□ 는 아무런 구호를 적지 않은 종이를 든 채 정부의 통제에 저항한다는 의미의 시위예요.

◎ 맞으면 O, 틀리면 X 하세요.

1. 중국은 코로나 감염자가 발생한 지역을 철저히 막았어요. □
2. 중국 우루무치 아파트의 화재 사망 사고를 계기로 백지 시위가 시작됐어요. □
3. 백지 시위로 중국은 방역 규제를 더 강하게 하게 되었어요. □

◎ 신문 어휘 풀이

- 시위: 많은 사람들이 무리를 지어 공개적인 장소에서 자신들의 주장을 폄
- 전역: 어느 지역의 전체
- 봉쇄하다: 굳게 막아 버리거나 잠그다
- 정책: 정치적 목적을 이루기 위한 방법
- 계기: 어떤 일이 일어나거나 변화하도록 만드는 결정적인 원인이나 기회
- 인권: 인간으로서 당연히 가지는 기본적 권리
- 저항하다: 어떤 힘이나 조건에 굽히지 아니하고 거역하거나 버티다
- 규제: 일정한 한도를 규칙으로 정하거나 정한 한도를 넘지 못하게 막음

토론하기

Q. 중국 사람들이 백지 시위를 하는 이유가 뭐예요?

44

여자는 인형, 남자는 자동차? 이제 이런 광고는 금지

배경 지식

- **성별 편견**: 성별에 따라 달라지는 생각을 말해요. '여자라면, 남자라면 이럴 것이다'라고 생각하는, 공정하지 못하고 한쪽으로 치우친 생각이에요.

신문 읽기

사진 설명: 여자아이와 인형

스페인 정부는 장난감 광고에서 인형은 여자아이, 자동차는 남자아이들용이라고 소개하는 식의 광고를 금지하겠다고 했어요.

인형은 여자아이들, 자동차는 남자아이들을 위한 것이 아니에요

스페인 정부는 장난감 광고에서 이제 더 이상 **성별 편견**을 담지 않도록 하겠다고 했어요. 22년 12월부터 집안일과 육아, 미용, 요리는 여성들의 일이고 사회생활과 운동은 남성의 일이라는 **인식**을 심어 줄 수 있는 장난감 광고는 모두 금지됐어요. 또한 특정 색깔을 특정 성별에만 사용하는 것도 광고에서 볼 수 없게 될 거예요. 예를 들면, 여자아이들에게 분홍색 옷을, 남자아이들에게 파란색 옷을 입히는 식의 광고예요.

스페인에서 이런 광고를 금지한 이유는…

아이들이 가지고 놀고 싶은 장난감이 성별에 따라 선택되면 안 된다는 거예요. 장난감은 자라나는 아이들에게 매우 큰 영향을 미쳐요. 그런데 여자는 인형, 남자는 자동차만을 가지고 노는 것을 보여주는 광고는 아이들에게 성별에 따라 장난감을 골라서 놀아야 한다는 편견을 갖게 한다는 것이에요. 스페인 소비자부 장관은 편견을 없앤 장난감 광고는 어린이가 무엇이든 자유롭게 가지고 놀 수 있게 하고, 이는 어른이 되어서도 각자의 잠재력을 최대한 발휘할 수 있게 할 거라고 했어요.

남자와 여자의 일이 나누어져 있다는 편견을 심어 주는 광고는 아직도 많아요. 어른들의 성차별적인 편견이 아이들의 생각에 영향을 미치지 않도록, 이런 편견을 장난감 광고에서부터 없애 나가려는 노력을 해야 할 때예요.

정리하기

◎ 다음 빈칸을 채우세요

'여자는 이렇다, 남자는 저렇다'라는 식으로 공정하지 못하게 한쪽으로 치우친 생각을 하는 것을 ☐☐☐ 이라고 해요.

◎ 맞으면 O, 틀리면 X 하세요.

1. 스페인에서는 인형은 여자아이, 자동차는 남자아이용이라고 말하는 광고가 금지된대요. ☐
2. 아이들은 어릴 때 성별에 따라 적합한 장난감을 골라서 놀아야 해요. ☐
3. 편견을 심어 주는 장난감 광고는 아직 많아요. ☐

◎ 신문 어휘 풀이

- 편견: 공정하지 못하고 한쪽으로 치우친 생각
- 인식: 사물을 분별하고 판단하여 아는 것
- 잠재력: 겉으로 드러나지 않고 속에 숨어 있는 힘
- 발휘하다: 재능, 능력 따위를 떨치어 나타내다

토론하기

Q. 우리 주변에 성별 편견을 나타내는 책 속 그림이나 광고를 찾아보세요. 그리고 왜 그것이 문제인지 가족들에게 설명해 주세요.

45 갈 곳 없는 사람들의 슬픈 이야기

배경 지식

- **난민**: 난민이란 전쟁이나 재난으로 인해 어려움에 빠진 사람들을 말해요. 전쟁, 테러, 빈곤, 자연재해 그리고 정치적 괴롭힘을 피해 다른 나라로 가는 사람들도 여기에 포함돼요.
- **유엔난민기구**: 1949년 12월 3일 난민의 보호와 난민의 문제를 해결하기 위해 만든 기관이에요.

신문 읽기

2021년 9,000만 명이었던 **난민**이 2022년 전쟁과 **재해**로 1억 명으로 늘어났다고 유엔난민기구(UNHCR)가 발표했어요.

사진 설명: 난민

지금까지 한 번도 없었던, 최다 신기록을 세운 난민 수

난민이 급격하게 늘고 있는 이유는 계속되고 있는 각지의 **내전**과 22년에 **발발**한 우크라이나 러시아 전쟁 때문이에요. 우크라이나, 에티오피아, 부르키나파소, 시리아, 미얀마에서 많은 사람들이 위험한 상황을 피해 다른 나라로 **피난**을 갔어요. 예멘은 7년째 계속되는 내전으로 430만 명이 마땅히 갈 곳이 없어 난민으로 떠돌고 있어요. 시리아에서도 11년째 내전이 이어지고 있는데, 이곳 어린이들은 평화로운 날을 보내 본 경험이 단 한 번도 없다고 해요. 피난길에 오른 난민들은 위험에 처할 때가 많은데요, 피난 중에 목숨을 잃는 경우도 있다고 해요.

유엔은 난민들을 돕기 위해 발 빠르게 움직이고 있어요

유엔은 난민뿐만 아니라 난민을 받아 준 나라에도 지원이 필요하다고 판단하고 난민 **구호금**을 **모금했어요**. **유엔난민기구**는 세계 각국에서 11월 3,000만 달러의 난민 지원금 **기부**를 약속받았고, 지금까지 역사상 가장 많은 금액을 모았다고 했어요. 그러나 우크라이나 난민이 유럽 전 지역으로 780만 명이나 들어오는 등 지원해야 할 난민의 수 역시 크게 늘어났기 때문에 여전히 걱정되는 상황이라고 밝혔어요.

정리하기

◎ 다음 빈칸을 채우세요.

전쟁으로 갈 곳을 잃은 ☐☐ 의 수가 크게 늘었어요.

◎ 맞으면 O, 틀리면 X 하세요.

1. 난민이 늘고 있는 이유는 내전과 우크라이나 러시아 전쟁 때문이에요. ☐
2. 유엔은 난민을 받아 준 나라에는 지원할 수 없다고 말했어요. ☐
3. 유엔은 지금까지 역사상 가장 많은 구호금을 모았어요. ☐

◎ 신문 어휘 풀이

- **재해**: 뜻하지 않게 일어난 불행한 사고나 지진, 홍수, 태풍 등의 자연 현상으로 인한 피해
- **내전**: 한 나라 안에서 일어나는 싸움
- **발발하다**: 전쟁이나 큰 사건 따위가 갑자기 일어나다
- **피난**: 재난을 피하여 멀리 옮겨 감
- **구호금**: 재해나 재난으로 어려움에 처한 사람을 돕기 위해 여러 사람이 마련한 돈
- **모금하다**: 기부금이나 성금 따위를 모으다
- **기부**: 자선 사업이나 공공사업을 돕기 위해 돈이나 물건 따위를 대가 없이 내놓음

토론하기

Q1. 난민이 크게 늘어난 이유는 무엇이에요?

Q2. 난민 문제를 해결할 수 있는 방법에는 무엇이 있을까요?

46 러시아! 언제까지 심술부릴 거야?

배경 지식

✓ **식량난**: 식량(사람의 먹을거리)이 모자라서 생기는 어려움을 말해요.

신문 읽기

러시아의 우크라이나 침공으로 인해 우크라이나의 **곡물 수출**과 **생산**이 방해받으면서 전 세계 **식량난**이 심해지고 있어요.

러시아는 우크라이나산 곡물 수출을 보장하겠다고 약속했지만…

이 약속을 지키지 않았어요. 실제로는 우크라이나 곡물 수출을 대부분 일부러 막고 있어요. 우크라이나 정부에 따르면, 전쟁이 일어나기 전 우크라이나는 월평균 500만~700만 톤(t)의 곡물을 수출했지만, 전쟁 시작 후인 3~11월 수출량은 월평균 350만 톤(t)으로 뚝 떨어진 상태예요. 러시아군은 일부러 우크라이나 곡물 저장소를 공격해 공장을 파괴하거나 **화물** 검사를 이유로 곡물을 실은 우크라이나 배를 **차단하는** 등 운항을 방해하고 있어요.

세계 식량난이 심각해지고 있어요

전쟁 전 우크라이나와 러시아는 세계 곡물 수출의 4분의 1을 차지했기 때문에 우크라이나 곡물 수출이 줄어들면 세계 식량 공급에 영향을 미칠 수밖에 없어요. 러시아 **침공**으로 발생한 식량 부족은 곡물 가격을 상승시켰고 이것은 아프리카·아시아·중남미 각지에서의 식량 위기를 일으켰어요. 이로써 식량 부족으로 고통받는 전 세계 인구가 3억 4,500만 명이 넘게 됐다고 해요. 미국과 서방 **동맹국**은 곡물을 수출하기 위해 철도나 **육로**를 이용하는 등 다른 방법을 찾아 우크라이나를 돕고 있지만, 러시아의 공격으로 이것마저 점차 힘들어지고 있어요. 미국은 러시아와 푸틴이 세계 곡창지대인 우크라이나를 공격한 것은 전 세계 빈민들을 공격한 것이나 마찬가지라고 말하면서 세계적인 굶주림을 심하게 만들었다고 비판했어요.

정리하기

◎ 다음 빈칸을 채우세요

러시아가 우크라이나 곡물 수출을 방해하면서 세계 ☐☐ 이 심해지고 있어요.

◎ 맞으면 O, 틀리면 X 하세요.

1. 우크라이나의 곡물 수출량은 전쟁 후에 뚝 떨어졌어요. ☐
2. 러시아는 우크라이나의 곡물 수출을 적극적으로 돕고 있어요. ☐
3. 우크라이나의 곡물 수출이 줄어들면서 식량 부족으로 고통받는 인구가 늘었어요. ☐

◎ 신문 어휘 풀이

- **곡물**: 사람의 식량이 되는 쌀, 보리, 콩, 조, 기장, 옥수수 따위를 통틀어 이르는 말
- **수출**: 국내의 상품이나 기술을 외국으로 팔아 내보냄
- **생산**: 사람이 생활하는 데 필요한 각종 물건을 만들어 냄
- **화물**: 운반할 수 있는 유형의 재화나 물품을 통틀어 이르는 말
- **차단하다**: 다른 것과의 관계나 접촉을 막거나 끊다
- **운항**: 배나 비행기가 정해진 항로나 목적지를 오고 감
- **침공**: 다른 나라를 침범하여 공격함
- **동맹국**: 서로의 이익이나 목적을 위해 함께 행동하기로 약속한 나라
- **육로**: 땅 위로 난 길

토론하기

Q. 세계 식량난이 심각해지고 있는 이유에 대해서 이야기해 보세요.

47

우크라이나, 우리가 도와줄게요!

비버 올림.

배경 지식

- **비버**: 설치류인 비버는 바다삵이라고도 불러요. 수중생활에 적응되어 있으며, 댐을 만드는 것으로 유명해요.
- **설치류**: 쥐류. 송곳니는 없고, 앞니와 앞어금니 사이에 넓은 틈이 있어요. 보통 발가락이 5개이지만 앞발의 엄지발가락이 흔적만 남아 있거나 없는 것이 많아요.

신문 읽기

사진 설명: 비버

우크라이나를 **침공**한 러시아군이 뜻밖에 **복병**을 만났어요. 벨라루스를 거쳐 우크라이나로 향하는 길을 더 늘리려고 했는데 **비버**들이 만들어 놓은 댐 때문에 가로막혀 앞으로 나아가기가 어려워졌다고 해요.

우크라이나를 도와주고 있는 비버는 누구?

설치류에 속하는 비버는 몸길이 60~70cm, 꼬리 길이 33~44cm, 몸무게 20~27kg로 유럽과 아시아, 아메리카 대륙의 북부지역에 살아요. 비버는 하천에서 생활하면서 앞니로 나뭇가지나 줄기 등을 갉은 뒤 흙과 돌을 모아 댐을 만들기 때문에, 물 위의 건축가라는 별명을 갖고 있어요. 비버가 만드는 댐은 보통 20~30m 정도인데 650m 정도로 큰 경우도 있어요.

비버가 우크라이나를 어떻게 도와준다는 말이죠?

비버가 땅을 축축한 진흙으로 만들어 사람들이 지날 수 없게 만들었기 때문이에요. 우크라이나 북서부는 벨라루스와 맞닿은 곳인데요, 이곳에 사는 비버들이 댐을 지으면서 두꺼운 진흙과 습지가 생겼어요. 러시아군은 원래 벨라루스를 통해 전차를 보내거나 우크라이나를 공격하려던 참이었는데 진흙 탓에 이 모든 것이 어려워진 거예요. 비버들의 활약 덕분에 우크라이나군은 러시아군을 막는 데 필요한 시간을 벌 수 있게 됐어요. 우크라이나 군인들은 예상치 못한 비버들의 도움에 감사한 마음을 전하고 있어요.

정리하기

◎ 다음 빈칸을 채우세요

설치류인 ☐☐ 가 댐을 만들어 러시아군이 우크라이나를 공격하려는 것을 막고 있어요.

◎ 맞으면 O, 틀리면 X 하세요.

1. 비버는 하천에서 생활하면서 흙과 돌을 모아 댐을 만들어요. ☐
2. 비버가 댐을 만든 덕분에 러시아군이 공격하기 쉽게 됐어요. ☐
3. 우크라이나군은 비버 때문에 러시아군을 막기 힘들어졌어요. ☐

◎ 신문 어휘 풀이

- 침공하다: 다른 나라를 침범하여 공격하다
- 복병: 적을 기습하기 위하여 적이 지날 만한 길목에 군사를 숨김. 또는 그 군사
- 하천: 강과 시내
- 습지: 습기가 많아 늘 축축한 땅
- 전차: 전쟁할 때 쓰는 수레
- 활약: 활발히 활동함

토론하기

Q. 이 기사를 읽고 여러분은 비버에게 어떤 말을 해 주고 싶어요?

48

집들이 먼지처럼 내려앉고 말았어요

배경 지식

- **지진**: 오랫동안 쌓인 에너지가 갑자기 나오며 지각이 흔들리는 것
- **진원**: 최초로 지진파가 발생한 지역
- **판**: 지구의 겉 부분을 둘러싸는, 두께 100km 안팎의 암석 판

신문 읽기

2023년 2월 6일, 튀르키예와 시리아를 덮친 **지진**으로 수많은 사람들이 다치고 목숨을 잃었어요.

사진 설명: 지진

왜 이렇게 피해가 컸을까요?

지구 **표**면은 판이라고 불리는 크고 작은 **암석** 조각으로 이루어져 있어요. 이번 지진은 아나톨리아판과 아라비아판이 맞닿은 곳에서 일어났어요. 아라비아판이 아나톨리아판을 강하게 밀어내면서 이번 지진이 발생했는데요, 이 지역에 오랫동안 쌓여 온 에너지가 한꺼번에 터지면서 큰 규모의 지진이 일어났어요. **진원**이 얕으면 땅 위의 물체가 더 심하게 흔들리는데요, 이번 지진은 진원이 얕은 곳에서 일어났기 때문에 피해가 더 컸어요. 또한 이번에 지진이 일어난 지역은 단단하지 않고 **무른** 흙으로 이루어졌는데요, 이 역시 지진 피해를 크게 한 원인이에요.

사람들은 제대로 피할 수조차 없었어요

지진이 발생한 곳은 사람들이 모여 사는 곳이었고, 이 건물들은 지진을 견딜 수 있게 튼튼하게 지어지지 않았어요. 또한 지진이 발생한 시간이 새벽 4시

였기에 사람들이 대피하기 어려웠어요. 그러나 이번 지진은 이미 예고된 상황이었어요. 전문가들은 몇 년 전부터 지진이 발생하면 피해가 커질 수 있다고 경고했지만 아무도 대응하지 않았어요. 문제는 이 지진이 계속 발생할 수 있다는 것이에요. 현재 튀르키예와 시리아를 덮친 지진에 전 세계가 주목하고 있고, 도움의 손길을 내밀고 있어요.

정리하기

◎ 다음 빈칸을 채우세요

튀르키예와 시리아에 큰 규모의 ☐☐ 이 발생했어요.

◎ 맞으면 O, 틀리면 X 하세요.

1. 아라비아판이 아나톨리아판을 세게 밀어내어 지진이 발생했어요. ☐
2. 진원이 깊은 곳에서 지진이 발생해 피해가 컸어요. ☐
3. 이번 지진은 예상할 수 없었기 때문에 피해가 걷잡을 수 없이 커졌어요. ☐

◎ 신문 어휘 풀이

- 표면: 사물의 가장 바깥쪽
- 암석: 지각을 구성하고 있는 단단한 돌
- 무르다: 물기가 많아서 단단하지 않다
- 대피하다: 위험이나 피해를 입지 않도록 피하다
- 대응하다: 어떤 일이나 상황에 알맞게 행동하다

토론하기

Q. 튀르키예-시리아 지진의 피해가 컸던 이유 4가지를 정리해서 설명해 보세요.

49. 인도에서 발견된 하얀 석유 이야기

배경 지식

- **리튬**: 리튬은 '21세기 석유' 또는 '하얀 석유'라고 불리는데요. 스마트폰, 노트북, 전기차 등의 장치에 전원을 공급하는 충전식 배터리의 핵심 구성 요소로 쓰여요.

신문 읽기

인도에서 전기차 배터리의 핵심 소재로 사용되는 **리튬**이 **대량** 발견되었어요. 인도에서 리튬이 발견된 것은 이번이 처음이라고 해요.

리튬은 무엇?

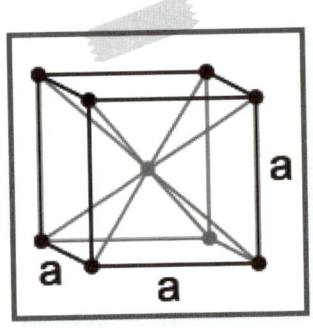
사진 설명: 리튬의 결정구조

리튬은 스마트폰, 노트북, 전기차 등 다양한 장치에 사용되는 충전식 배터리의 핵심 소재예요. 전기차 시대를 맞이하면서 세계 각국은 리튬을 **확보하는** 데 집중하고 있어요. 리튬 **수요**는 2030년까지 현재 사용하는 양의 18배, 2050년까지 60배 늘어날 것으로 보고 있어요. 또한 리튬은 '21세기 석유' 또는 '하얀 석유'라고 불리면서 친환경 정책과 더불어 인기가 높아지고 있어요. 현재 전 세계에서 확인된 리튬 **매장량**은 총 8,000만 톤으로 이 중에서 실제 사용 가능한 양은 2,200만 톤이에요. 사용할 수 있는 리튬이 가장 많이 **매장된** 나라는 칠레(920만 톤), 호주(570만 톤), 아르헨티나(220만 톤)의 순이에요.

인도에서 대량 발견된 리튬

이번에 인도에서 발견된 리튬의 양은 대략 590만 톤이에요. 이것이 모두 개발 가능한 것으로 확인되면 인도는 단번에 리튬 매장 2위 국가로 올라설 수 있어요. 인도 정부는 2030년까지 전체 자동차 판매의 30%를 전기차로 채운다는 목표를 세웠는데요, 이번 리튬 발견은 이러한 인도 정부의 전기차 **산업**에 큰 도움을 줄 것으로 예상되어요.

정리하기

◎ 다음 빈칸을 채우세요

하얀 석유라고도 불리는 ☐☐은 각종 장치에 사용되는 충전식 배터리의 핵심 소재예요.

◎ 맞으면 O, 틀리면 X 하세요.

1. 인도에서 많은 양의 리튬이 발견되었어요. ☐
2. 리튬에 관심 있는 나라는 전기차를 만드는 나라밖에 없어요. ☐
3. 앞으로 리튬을 필요로 하는 곳은 점점 더 늘어날 거예요. ☐

◎ 신문 어휘 풀이

- **대량**: 아주 많은 분량이나 수량
- **확보하다**: 확실히 보증하거나 가지고 있다
- **수요**: 어떤 물품을 사려고 하는 욕구
- **매장량**: 지하자원 따위가 땅속에 묻혀 있는 분량
- **매장되다**: 지하자원 따위가 땅속에 묻히다
- **산업**: 인간의 생활을 경제적으로 풍요롭게 하기 위해 재화나 서비스를 생산하는 사업

토론하기

Q. 리튬이 무엇인지, 그리고 왜 인기가 많아졌는지에 대해서 가족들에게 가르쳐 주세요.

50 우리는 아직 꿈을 잃지 않았어요

배경 지식

- **튀르키예 시리아 지진**: 2023년 2월 6일 새벽 4시에 튀르키예 남동부와 시리아 북부 국경지대에서 발생한 규모 7.8의 대지진을 말해요.

신문 읽기

사진 설명: 튀르키예 어린이(출처: 유니세프 홈페이지)

튀르키예와 시리아를 덮친 **강진**으로 하루아침에 집을 잃은 아이들. 이번 지진으로 피해를 입은 아이들의 수가 무려 700만 명을 넘을 거라고 해요.

강진의 규모

2023년 2월 6일, 튀르키예 남부와 시리아 북부 국경 지역을 규모 7.8의 **대지진이 강타했어요**. 1차 강진 이후로도 **여진**이 계속되고 있어 피해자 수는 점점 더 늘어나고 있어요. 하룻밤 사이 집을 잃고 가족과 친구들을 잃고 살아남은 **생존자**들은 각종 질병에 시달리며 추위와 배고픔에 고통을 겪고 있어요. 또한 수많은 어린이들은 **열악한** 환경에서 정신적인 충격을 받고 힘들어하고 있어요. 그러나 병원도 모두 무너져 버리는 바람에 아이들은 치료를 받지 못하고 있어요.

그러나 아이들은 꿈을 잃지 않았어요

아이들은 모두 지진 전의 평범한 일상을 그리워하고 있었어요. 학교에서 친구들과 축구를 하고 수업을 듣고 함께 게임을 하고 가족들과 평온한 저녁 식사를 하던 때로 돌아가고 싶다고 했어요. 그러나 아이들은 **꿋꿋했어요**. 그 어디에서도 희망을 찾아보기 힘든 폐허 속에서 아이들은 자신의 꿈을 이루기 위해 열심히 노력하겠다는 의지를 굽히지 않았어요. 튀르키예 지진을 돕기 위한 전 세계 사람들의 손길이 이어지고 있어요. 튀르키예가 지진의 아픔으로부터 하루빨리 일어서 어린이들이 꿈을 지켜나갈 수 있기를 바라요.

정리하기

◎ 다음 빈칸을 채우세요.
튀르키예와 시리아에 ☐☐ 이 강타했어요.

◎ 맞으면 O, 틀리면 X 하세요.
1. 튀르키예에 여진이 계속되고 있어 피해가 점차 커져만 가요. ☐
2. 정신적인 피해를 입은 아이들의 수는 적어요. ☐
3. 튀르키예를 도우려는 전 세계 사람들의 손길이 이어지고 있어요. ☐

◎ 신문 어휘 풀이
- 강진: 강한 지진
- 대지진: 큰 지진
- 강타하다: 세게 치다
- 여진: 큰 지진이 일어난 다음에 잇따라 일어나는 작은 지진
- 생존자: 살아남은 사람
- 열악하다: 품질이나 능력, 시설 따위가 매우 떨어지고 나쁘다
- 꿋꿋하다: 사람의 의지, 태도나 마음가짐이 매우 굳세다
- 폐허: 건물이 파괴되어 황폐하게 된 터

토론하기

Q. 튀르키예와 시리아 지진으로 큰 어려움을 겪고 있는 아이들에게 어떤 이야기를 해 주고 싶어요?

51 아프간 여성들에 대한 차별을 멈춰 주세요

배경 지식

- **탈레반 정부**: 1994년 마드라사(Madrasa) 학생들이 중심이 되어 아프가니스탄 남부 칸다하르에서 결성된 이슬람 무장단체를 말해요. 군 세력으로 출발하여, 1994년 아프가니스탄 국토의 80 % 정도를 차지했어요. 이슬람교를 엄격하게 해석해 여성 차별을 심하게 하고 있어요.

신문 읽기

사진 설명: 아프간 여성

지난 16개월 동안 아프가니스탄 대부분의 중학교에서 여학생을 받지 않았어요. 이에 더 나아가 **탈레반 정부**는 여성의 대학 교육까지 금지하고 나섰어요.

"아프간은 여성들을 위한 나라가 아니라 여성들을 가둔 새장"

이는 미국에서 사는 아프가니스탄 출신 한 학자가 한 말이에요. 그는 현재 아프간 여성들에게 남은 사회생활은 없으며, 탈레반은 끝끝내 여성들의 대학 교육마저 금지했다고 밝혔어요. 아프가니스탄 교육부는 여성에게 적절한 환경이 마련될 때까지 여성을 대상으로 한 대학 교육을 **중단**한다고 했어요. 따라서 아프가니스탄 여성은 중등 교육을 비롯한 대부분의 교육을 받을 수 없게 되었어요. 아프간 **전역**에서 여성 교육 금지령에 반대하는 **시위**가 일어났어요. 아프간 카불대의 마샬 교수는 탈레반의 여성 교육 금지에 반대하며 탈레반의 여성 **차별 정책**을 강하게 비판하다 결국 **체포되었다**고 해요.

탈레반 정부의 여성 차별 정책

 탈레반은 21년 8월, 다시 **정권**을 잡으며, 전과 달리 여성의 권리를 존중하겠다고 약속했어요. 그러나 탈레반은 처음의 약속과는 달리 여성의 자유와 권리를 다시 빼앗아 가기 시작했어요. 탈레반은 여성이 학교에서 히잡을 제대로 쓰지 않은 것과 남녀가 함께 수업을 듣는 것은 이슬람 **율법**에 맞지 않으므로 여성의 대학 수업 참여를 금지 시켰어요. 유엔에 따르면 현재 100만 명 이상의 아프간 여학생들이 학교에 가지 못하고 있는 것으로 **추정되어요**.

정리하기

◎ 다음 빈칸을 채우세요

☐☐☐ 정부는 아프가니스탄 여성들에게 교육받을 권리를 빼앗았어요.

◎ 맞으면 O, 틀리면 X 하세요.

1. 탈레반 정부는 여성들의 대학 교육을 금지했어요. ☐
2. 사람들은 탈레반 정부에 반대하거나 시위를 벌이지 않아요. ☐
3. 탈레반은 약속대로 여성의 자유와 권리를 지켜 주었어요. ☐

◎ 신문 어휘 풀이

- **중단**: 중간에서 끊어지거나 끊음
- **전역**: 어느 지역의 전체
- **시위**: 많은 사람들이 무리를 지어 공개적인 장소에서 자신들의 주장을 폄
- **차별**: 둘 이상을 차등을 두어 구별함
- **정책**: 정치적인 목적을 이루기 위한 방법
- **체포되다**: 죄를 지었거나 죄를 지었을 것으로 의심되는 사람이 잡히다
- **정권**: 정치를 맡아 행하는 권력
- **율법**: 종교적, 사회적, 도덕적 생활과 행동에 관해 신의 이름으로 정한 규범
- **추정되다**: 미루어져 생각되어 판단되고 정해지다

토론하기

Q. 아프간 여성 차별에 대한 생각을 이야기해 보세요. 어떤 해결책이 있을까요?

52 일본이 오염수를 바다에 흘려보내면

배경 지식

- **후쿠시마 원전 사고:** 2011년 3월 11일, 일본 도호쿠 지역 앞바다에서 일어난 대지진과 해일로 후쿠시마 제1 원자력발전소가 물에 잠겼어요. 이것으로 발전소에 있던 방사성 물질이 밖으로 흘러 나와 주변의 땅과 물을 오염시켰어요.
- **원자력발전소:** 원자력 에너지를 이용하여 전기를 생산해 내는 발전소를 말해요. 원전이라고 줄여서 말하기도 해요.

신문 읽기

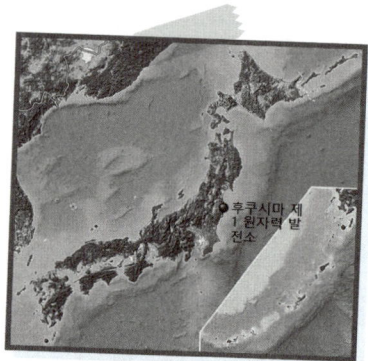

사진 설명: 후쿠시마 제1원자력 발전소

일본이 2023년 봄부터 10년에 걸쳐 후쿠시마 제1 **원자력발전소** 오염수 130만 톤을 흘려보내겠다고 밝혔어요.

오염수는 우리에게 어떤 영향을 주나요?

일본 정부는 오염수의 방사성 물질을 충분히 **제거했기** 때문에 바다로 흘려보내도 안정성에 문제가 전혀 없다는 입장이에요. 그러나 **삼중수소**라는 물질은 마지막까지 걸러지지 않는데요, 이것은 암을 **유발할** 수 있는 물질이에요. 이 때문에 오염수 **방류**에 대한 **우려**의 목소리가 여기저기에서 나오고 있어요.

일본이 오염수를 흘려보내는 이유

바다로 직접 흘려보내는 것 외에도 오염수를 처리할 수 있는 방법은 다양해요. 하지만 바다 방류를 고집하는 이유는 이것이 가장 짧은 기간에, 낮은 비용으로 오염수를 처리할 수 있는 방법이기 때문이에요. 바다로 흘러 들어간 오염수는 북태평양 전체로 퍼져 나가 우리나라 **해역**에는 5년 후부터 영향을 줄 전망이에요. 일본에서 방류한 오염수이지만 몇 년 후부터는 **주변국**들이 모두 피해를 입고, 문제를 해결해 나가야 하는 **처지**에 놓이게 될 거예요. 그러나 일본은 직접적인 영향을 받을 주변 나라들과 충분한 **협의** 과정을 거치지 않고 있어요.

정리하기

◎ 다음 빈칸을 채우세요

　　□□□ 는 사람에게 해를 입히는 방사성 물질들이 녹아 있는 오염된 물을 말해요.

◎ 맞으면 O, 틀리면 X 하세요.

1. 일본은 오염수를 바다로 흘려보내겠다고 밝혔어요. □
2. 일본이 오염수를 방류하려는 이유는 오염수가 안전하기 때문이에요. □
3. 일본은 주변국들과 충분히 이야기하고 의견을 모으고 있어요. □

◎ 신문 어휘 풀이

- **제거하다**: 없애 버리다
- **삼중수소**: 방사능을 가지고 있는 수소. 암을 유발할 수 있다
- **유발하다**: 어떤 것이 다른 일을 일어나게 하다
- **방류**: 모아서 가두어 둔 물을 흘려보냄
- **우려**: 근심과 걱정
- **해역**: 바다 위의 일정한 구역
- **주변국**: 어떤 한 나라의 주변에 있는 나라
- **처지**: 처해 있는 사정이나 형편
- **협의**: 둘 이상의 사람이 서로 협력하여 의논함

토론하기

Q. 일본 주변국들은 일본 오염수 방류에 대해 어떤 주장을 할 수 있을까요?

53

세계는 지금 덜 녹는 아이스크림 개발 중

배경 지식

- **글로벌 탈탄소화:** 전 세계적으로 에너지를 친환경적으로 이용할 수 있게 되면서, 대기 중으로 방출되는 탄소의 양이 점차 감소하는 현상을 말해요.

신문 읽기

'벤앤제리스'와 '매그넘' 등 유명한 아이스크림을 만들고 있는 다국적 기업 유니레버가 덜 녹는 아이스크림을 개발하고 있다고 해요.

사진 설명: 벤앤제리스 아이스크림

덜 녹는 아이스크림이 뭐예요?

말 그대로 높은 온도에도 덜 녹는 아이스크림을 말해요. 유니레버는 10년 전부터 덜 녹는 아이스크림을 개발하기 위해 노력해 왔는데요, 영하 12도의 냉장고 온도에도 녹지 않는 아이스크림을 만드는 것이 이 회사의 목표예요. 일반적으로 냉장고를 보통 영하 17도 정도로 유지해야 아이스크림이 녹지 않아요. 유니레버는 덜 녹는 아이스크림을 개발하기 위해 각 재료를 어떤 비율로 섞어야 하는지 연구해 왔어요. 덜 녹는 아이스크림을 성공적으로 만들려면 재료 외에도 아이스크림이 달라붙지 않는 포장지, 콘을 바삭하게 유지할 수 있는 방법 등을 찾아야 해요.

덜 녹는 아이스크림을 왜 개발하려고 하는 거죠

탄소 배출량을 줄이기 위해서예요. 냉장고를 낮은 온도로 유지하려면 탄소 배출량이 늘 수밖에 없으니, 아이스크림 냉장고의 온도를 높여 탄소 배출량을 줄여 보겠다는 거예요. 유니레버가 배출하는 전체 탄소량의 10%는 아이스크림 전용 냉장고에서 나온다고 알려졌는데요, 덜 녹는 아이스크림이 개발되어 냉장고 온도를 올릴 수 있으면 아이스크림 **전용** 냉장고에서 나오는 **온실가스** 양이 20~30% **감소된다고** 해요.

정리하기

◎ 다음 빈칸을 채우세요

☐☐☐☐ 을 줄이기 위해서 덜 녹는 아이스크림을 개발하려고 해요.

◎ 맞으면 O, 틀리면 X 하세요.

1. 유니레버는 영하 12도 냉장고 온도에도 녹지 않는 아이스크림을 개발하고 있어요. ☐

2. 덜 녹는 아이스크림은 콘이 눅눅해져서 맛이 없다는 단점이 있어요. ☐

3. 덜 녹는 아이스크림이 개발되면 냉장고에서 나오는 탄소 배출량이 줄어들거예요. ☐

◎ 신문 어휘 풀이

- **다국적 기업**: 세계 여러 나라에서 연구·개발·생산·판매·서비스 등의 활동을 하는 기업
- **유지하다**: 어떤 상태나 상황을 그대로 보존하거나 변함없이 계속하여 지탱하다
- **비율**: 다른 수나 양에 대한 어떤 수나 양의 비
- **탄소 배출량**: 공기 중으로 나오게 되는 이산화탄소의 양
- **배출하다**: 안에서 밖으로 밀어 내보내다
- **전용**: 특정한 목적으로 일정한 부문에만 한하여 씀
- **온실가스**: 지구 대기를 오염시켜 온실효과를 일으키는 가스를 뜻하는 말
- **감소되다**: 양이나 수치가 줄어들다

토론하기

Q. 다른 회사 아이스크림이 유니레버의 덜 녹는 아이스크림과 같은 냉장고에 있으면 녹아 버릴 텐데요. 다른 아이스크림 회사는 손해를 입는 것이 아닐까요? 어떤 해결책이 있을까요?

54

프랑스 맥도날드에서 인기 폭발한 그것은 바로

배경 지식

- **일회용품**: 일회용품이란 같은 용도에 한 번 사용하도록 만들어진 일회용 접시, 컵, 일회용 나무젓가락, 이쑤시개, 일회용 칫솔, 치약, 쇼핑백 등의 제품을 말해요.

신문 읽기

프랑스 맥도날드에서 **재사용**이 가능한 감자튀김 **용기**를 쓰기 시작했어요. 귀여운 디자인의 친환경 감자튀김 고무용기가 큰 인기를 끌고 있다고 해요.

일회용품 사용을 줄이기 위해서

사진 설명: 감자튀김

그동안 종이로 만들어졌던 맥도날드의 붉은색 감자튀김 용기가 올해부터 재사용이 가능한 고무 용기로 바뀌었어요. 프랑스는 2023년부터 20석 이상의 패스트푸드 매장에서 일회용품 사용을 금지하는 법을 **시행했어요**. 이에 따라 버거킹, 맥도날드 등 패스트푸드 매장들은 컵, 숟가락, 포크 등을 모두 재사용이 가능한 것으로 **교체했어요**. 프랑스는 이를 통해 패스트푸드 매장에서 나오는 쓰레기를 상당량 줄일 수 있을 것으로 보고 있어요.

문제도 있다는데…

프랑스 맥도날드에서는 **실용적**이고도 귀여운 디자인의 빨간색 감자튀김 그릇을 몰래 훔쳐 가는 손님들이 늘고 있다고 해요. 또한 재사용이 가능한 용기를 사용할 경우, 이 식기들을 사용하고 세척하고 보관하는 데 드는 비용이 만만치 않아요. 이와 관련해 탄소 배출량은 2.8배, 물 사용량은 3.4배 늘 것으로 예상했어요. 일회용 식기 사용 금지는 쓰레기와의 싸움에서 한 걸음 나아간 것이지만, 이것에서 발생하는 또 다른 문제들은 어떻게 바라보는 것이 좋을지 논의가 더 필요해요.

정리하기

◎ 다음 빈칸을 채우세요

☐☐☐☐ 사용을 줄이기 위해서 프랑스 맥도날드에서는 고무용기를 사용해요.

◎ 맞으면 O, 틀리면 X 하세요.

1. 프랑스 맥도날드에서는 자발적으로 일회용품을 사용하지 않겠다고 했어요. ☐
2. 사람들은 재사용이 가능한 감자튀김 용기를 마음에 들어 하지 않았어요. ☐
3. 재사용 가능한 용기를 사용하면 탄소 배출이 오히려 더 늘어요. ☐

◎ 신문 어휘 풀이
- 재사용: 이미 사용한 물건을 다시 씀
- 용기: 물건을 담는 그릇
- 시행하다: 실지로 행하다
- 교체하다: 사람이나 사물을 다른 사람이나 사물로 대신하다
- 실용적: 실제로 쓰기에 알맞은 것
- 논의: 어떤 문제에 대하여 서로 의견을 말하며 의논함

토론하기

Q. 재사용 가능한 그릇을 사용하는 것에 대한 여러분의 생각은 어때요?
찬성과 반대로 입장을 나누어 토론해 보세요.

55

틱톡, 지금 당장 삭제하세요

배경 지식

- **틱톡**: 15초~10분 정도의 짧은 비디오 영상을 만들어서 공유할 수 있는 숏폼(Short-form) 동영상 플랫폼이에요.

신문 읽기

틱톡 앱 사용 금지령이 미국을 중심으로 세계 각국으로 퍼져나가고 있어요.

세계 각국이 틱톡 사용을 금지하고 있어요

사진 설명: 틱톡 로고

미국에 이어 캐나다에서도 틱톡 사용을 금지하고 나섰는데요, 캐나다 정부에 **등록된** 모든 전자기기에서 틱톡 사용이 금지되었어요. 앞으로는 틱톡 앱을 다운로드 할 수도 없고, 이전에 설치되었던 앱은 삭제될 거라고 해요. 일본도 정부 기관에서 사용하는 전자기기에서 틱톡 앱 사용을 금지하기로 했어요. 유럽의회 역시 틱톡 앱 사용을 금지하기로 했으며, 덴마크 의회도 의원과 직원들에게 틱톡 앱을 삭제하라고 **강력하게 요구했다고** 해요.

세계 각국에서 틱톡 앱 사용을 금지 시킨 이유는

틱톡이 앱 이용자의 정보를 상당량 **수집하고** 있다는 우려의 목소리가 커지고 있기 때문이에요. 틱톡이 정보를 모으는 방식은 이용자들이 사이버 **공격**을 쉽게 당하게 만든다는 조사 결과도 나왔어요. 수집한 틱톡 이용자의 개인정보가 쉽게 **유출될** 수 있을 뿐만 아니라, 이러한 정보가 중국 정부에 넘어가고 있다는 지적이 끊임없이 나오고 있어요. 그러나 틱톡 사용을 금지하는 것은 표현의 자유를 침해하는 것이라며 이에 반대하는 사람들도 많아요. 틱톡은 미국을 포함한 세계 각국이 제멋대로 판단해 틱톡 사용을 막았다며 반발하고 있어요.

정리하기

◎ 다음 빈칸을 채우세요.

세계 각국이 틱톡 앱 사용을 ☐☐ 하고 나섰어요.

◎ 맞으면 O, 틀리면 X 하세요.

1. 일본에서는 틱톡 앱 사용을 금지하지 않았어요. ☐
2. 사용하기가 복잡하고 까다로워서 틱톡 앱 사용을 금지 시켰어요. ☐
3. 틱톡 앱 사용 금지는 사람들의 표현의 자유를 침해할 수 있어요. ☐

◎ 신문 어휘 풀이

- 등록되다: 일정한 자격 조건을 갖출 목적으로 단체나 학교 따위에 문서가 올려지다
- 강력하다: 힘이나 영향이 크다
- 요구하다: 받아야 할 것을 필요에 의하여 달라고 청하다
- 수집하다: 취미나 연구를 위하여 여러 가지 물건이나 재료를 찾아 모으다
- 공격: 나아가 적을 침
- 유출되다: 밖으로 흘러 나가다
- 지적: 꼭 집어서 가리킴
- 침해하다: 침범하여 해를 끼치다
- 반발하다: 어떤 상태나 행동 따위에 대하여 거스르고 반항하다

토론하기

Q. 틱톡 앱 사용 금지에 대해서 어떻게 생각해요? 찬성과 반대 입장 중 하나를 선택해서 가족이나 친구들과 토론해 보세요.

56

우리가 살아가고 있는 시대의 이름은 뭘까요? 알아맞혀 보세요.

배경 지식

- **지질시대**: 우리나라 역사를 고조선·삼국·고려·조선시대 등으로 나누는 것처럼 지구 46억 년 역사도 몇몇 시대로 나눌 수 있는데 이를 '지질시대(地質時代)'라고 해요.
- **인류세**: 네덜란드 화학자 크뤼천이 2000년에 처음 제안한 말이에요. 인류가 자연환경을 파괴해 기후와 지구 환경에 거대한 영향을 미쳤다고 생각되는 시대를 말해요.

신문 읽기

우리가 지금 살고있는 이 시대를 '**인류세**'라고 불러요. 왜 우리가 사는 이 시대를 인류세라고 부를까요?

인류세가 뭐예요? 사람들이 내는 세금이에요?

'인류세'라고 하면 마치 사람들이 지구에 내야 하는 세금처럼 들리지만, 세금이 아니에요. 인류세는 **인류**가 지구 기후와 **생태계**를 변화시켜 만들어진 새로운 **지질시대**를 뜻해요. 46억 년 지구의 역사를 가장 큰 시간 범위부터 작은 것으로 나눌 때 누대(eon)- 대(era)-기(period)-세(epoch)-절(age)로 나누어요. 현재는 현생누대- 신생대- 4기- 홀로세- 메갈라야절에 있는데요, 홀로세는 마지막 빙하기 이후 현재까지 1만 1,700년간 이어지고 있어요. 그러나 과학자들은 홀로세가 끝나고 '인류세'라는 새로운 지질시대가 열렸다고 말해요. 인류가 각종 개발을 통해 지구의 지질 환경에 영향을 미쳐 변화를 일으키고 있기 때문이지요.

인류세는 어떤 모습일까요?

인류세를 대표하는 물질은 플라스틱이에요. 플라스틱은 사람들이 살지 않는 곳에서도, 깊은 바닷속 생물 몸속에서도 발견되고 있어요. **과도한** 플라스틱 사용과 인류가 사용하는 화석연료는 기후변화를 일으켰어요. 그리하여 산불과 같은 각종 **자연재해**가 더 자주, 더 강하게 발생하고 있죠. 그러나 인류세의 미래를 긍정적으로 보는 사람들도 있어요. 인류가 지구 환경에 부정적인 영향을 미치고 있지만 또 반면에 인류가 지구를 살려 내기 위해 노력하고 있으니까요. 지구의 절반을 보호구역으로 지정하면 생명체의 85%를 살려 낼 수 있다는 주장도 있어요.

정리하기

◎ 다음 빈칸을 채우세요.

　　☐☐☐ 는 인류가 자연을 파괴해, 기후와 지구 환경에 엄청난 영향을 미쳤다고 생각되는 시대를 말해요.

◎ 맞으면 O, 틀리면 X 하세요.

1. 인류는 지구를 변화시키지 못했어요. ☐
2. 인류세를 대표하는 물질은 플라스틱이에요. ☐
3. 전문가들은 모두 한목소리로 인류세는 앞으로 희망이 없을 거라고 말해요. ☐

◎ 신문 어휘 풀이

- **인류**: 전 세계의 모든 사람
- **생태계**: 일정한 환경에서 여러 생물들이 서로 관계를 맺으며 살아가는 자연의 세계
- **과도하다**: 정도에 지나치다
- **자연재해**: 태풍, 가뭄, 홍수, 지진, 화산 폭발 등의 피할 수 없는 자연 현상으로 인해 받게 되는 피해

토론하기

Q. 인류세가 무엇인지 설명해 보고, 앞으로 우리가 살아가는 인류세는 어떻게 될지 이야기해 보세요.

04

과학

57 우주의 독거미 속에서 별들이 태어나고 있어요
58 수달이 사자만큼 컸다고요?
59 흰개미가 골칫거리라고요? 뭘 모르시는 말씀!
60 딱따구리는 왜 나무를 두드릴까요?
61 개는 주인의 마음을 어떻게 알아챌까요?
62 꿀벌 떼가 전기를 만든다면
63 하늘에 뜬 홍시
64 문어가 친구에게 화가 나면…
65 혼자서도 잘 가는 나는야, 자율주행 자동차!
66 돈을 내야 할까요? 안 내도 될까요?

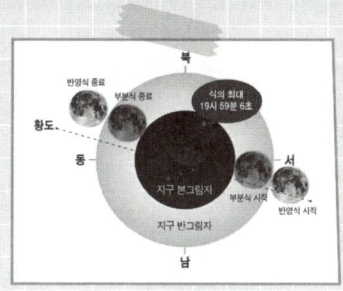
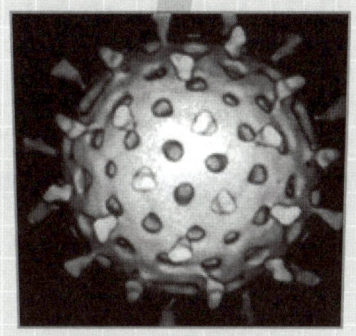

67   가을이 되면 왜 나무는 옷을 갈아입죠?
68   잠자던 바이러스가 깨어났다
69   190살 할아버지 거북이의 생일날
70   우주에서 가장 예쁜 토성 고리 나이는 몇 살?
71   석탄 가라! 태양광 에너지가 오신다!
72   누가 누가 먼저 달에 가나!
73   맛있는 굴의 정체를 밝혀라!
74   어린 시절의 나와 이야기를 나눌 수 있다면
75   공룡은 무얼 먹고 살았을까?
76   다누리가 찍어 보낸 달과 지구의 모습
77   조심! 우주쓰레기가 머리 위로 떨어질지도 몰라요
78   희귀해서 희토류라 부르지요
79   챗GPT, 너 대체 얼마나 똑똑한 거야?

57

우주의 독거미 속에서 별들이 태어나고 있어요

배경 지식

- **제임스 웹 우주망원경**: 제임스 웹은 미국과 유럽, 캐나다가 25년 동안 만든 역사상 가장 큰 우주망원경이에요. 2021년 크리스마스에 우주로 발사돼 2022년 1월 지구에서 150만km 떨어진 곳에 도착했어요.
- **허블 망원경**: 1990년 4월 24일 NASA가 궤도에 올린 우주망원경이에요. 최초의 우주망원경은 아니지만 가장 크고 가장 쓰임이 많은 우주망원경 중 하나이며 현재도 계속 움직이고 있어요.

신문 읽기

제임스 웹이 선명한 우주의 사진을 찍어 보내왔어요.

사진 설명: 타란툴라 성운

별들이 태어나는 곳, 성운

미국 NASA의 우주망원경 '제임스 웹'이 별들이 태어나고 있는 '타란툴라' 성운을 발견했어요. 성운은 우주에서 별들이 탄생하는 곳이에요. 별은 우주 먼지로 이루어진 구름이 중력 때문에 쪼그라들면서 만들어져요. 사진에서 붉게 보이는 바깥쪽에서 별들이 만들어지고 있고요, 가운데 파란 점들이 태어난 지 얼마 안 된 아기별이에요.

우주의 독거미, 타란툴라

타란툴라는 원래 독거미의 이름이에요. 실처럼 쭉 늘어선 우주 먼지가 거미줄을 친 독거미 집을 닮았기 때문에 타란툴라 성운이라고 불러요. 이전 허블 망원경으로는 별이 태어나는 우주 먼지와 구름 지역을 살펴볼 수 없었지만,

적외선 망원경인 제임스웹으로는 우주 먼지를 뚫고 안의 모습까지 **선명하게** 볼 수 있어요. 제임스웹 망원경은 허블 망원경보다 100배 더 높은 **관측** 능력을 가졌어요. 전문가들은 제임스 웹 망원경이 찍어 온 사진이 거대한 성운과 별들을 이해하는 데에 중요한 자료가 될 것이라고 말했어요.

정리하기

◎ 다음 빈칸을 채우세요

　　□□ 은 우주에서 별들이 탄생하는 곳이에요.

◎ 맞으면 O, 틀리면 X 하세요.

1. 별은 우주 먼지가 커지면서 만들어지는 것이에요. □
2. 우주 먼지가 거미집과 모습이 비슷해서 타란툴라 성운이라고 불러요. □
3. 예전에도 우주망원경으로 우주 먼지에 가려진 별들을 볼 수 있었어요. □

◎ 신문 어휘 풀이

- **탄생하다**: 사람이 태어나거나 무엇이 새로 생기다
- **중력**: 지구 위의 물체가 지구로부터 받는 힘. 또는 모든 물체가 서로 잡아당기는 힘
- **선명하다**: 뚜렷하고 분명하다
- **관측**: 자연 현상을 기계를 이용하거나 눈으로 자세히 살펴보아 어떤 사실을 짐작하거나 알아내는 것

토론하기

Q1. 제임스 웹 우주망원경으로 무엇을 볼 수 있었어요?

Q2. 우주에 가 있는 제임스 웹 망원경이 또 어떤 사진을 찍어 보내면 좋겠어요?

| 58 |

수달이 사자만큼 컸다고요?

배경 지식

 ● **화석**: 아주 옛날에 살았던 식물이나 동물의 뼈, 활동 자국 등이 땅속에 묻혀 굳어져 지금까지 남아 있는 것이에요.

신문 읽기

사진 설명: 수달

최근 과학자들은 에티오피아에서 250만 년 전에 살았던 **초대형** 수달 화석을 발견했어요.

초대형 수달이라니, 얼마나 컸던 거예요?

현재 살고 있는 수달은 대부분 5kg 이하의 작은 동물이지만, 250만 년 전에 살았던 수달은 사자나 호랑이와 비슷한 200kg의 **거대** 동물이었다고 해요. 그 당시 수달은 현재의 수달처럼 강이나 호수에서 물고기를 잡아먹고 살지 않고 땅에서 동물들을 사냥했던 것으로 밝혀졌어요. 물에 사는 '水(수)달'이 아니라 땅에 사는 '地(지)달'이었던 거예요. 몸집뿐만 아니라 실제 생활도 사자와 비슷했던 것이죠.

지금과 달리 당시 사람들은 수달을 무서워했어요

지금처럼 귀여운 외모를 가졌었는지는 알 수 없지만, 몸집이 사자만큼 컸던 수달은 당시 사람들에게 **공포**의 **존재**였을 거예요. 사자만 한 수달은 날씨가 점점 건조해지고 **인류가 발전하기** 시작하자 자연스럽게 사라진 것으로 추측돼요. 과학자들은 추가 연구를 통해 초대형 수달이 어떻게 멸종하게 되었는지 더 구체적으로 밝혀낼 계획이라고 해요.

정리하기

◎ 다음 빈칸을 채우세요

수백만 년 전의 [　　]은 지금과 달리 몸집이 크고 땅에서 동물을 사냥했어요.

◎ 맞으면 O, 틀리면 X 하세요.

1. 250만 년 전에는 몸집이 작은 수달과 사자만 한 수달이 모두 있었어요. [　]
2. 수백만 년 전 수달은 강이나 호수에서 물고기를 잡아먹고 살았어요. [　]
3. 사자만큼 컸던 수달은 날씨와 인류 발전으로 서서히 사라졌대요. [　]

◎ 신문 어휘 풀이

· 초대형: 보통의 대형보다 훨씬 더 큰 대형
· 거대: 엄청나게 큼
· 공포: 두렵고 무서움
· 존재: 실제로 있는 것
· 인류: 전 세계의 모든 사람
· 발전하다: 더 좋은 상태로 나아가다
· 추가: 나중에 더 보탬
· 멸종: 생물의 한 종류가 아주 없어짐
· 구체적: 실제적이고 세밀한 부분까지 담고 있는 것

토론하기

Q. 초대형 수달은 왜 지금처럼 작고 귀여운 수달로 바뀌었을까요? 그 이유에 대해 자유롭게 이야기해 보세요.

59 흰개미가 골칫거리라고요? 뭘 모르시는 말씀!

배경 지식

- **흰개미**: 흰개미는 다리가 짧고 허리가 굵으며, 투명한 흰색이라 개미와 쉽게 구별할 수 있어요. 흰개미는 죽은 나무를 갉아 먹으며 살아가기 때문에 나무로 만든 집이나 문화재를 망가뜨리는 골칫거리가 되기도 해요.

신문 읽기

집을 망가뜨려 골칫거리로 여겨졌던 **흰개미**에 대한 새로운 연구 결과가 나왔어요.

흰개미가 나쁘기만 한 건 아니라고요

사진 설명: 흰개미

죽은 나무를 갉아 먹으며 살아가는 흰개미는 사람들에게 골칫거리였어요. 나무로 만든 집, 오래된 문화재 등을 망가뜨리는 **주범**이었거든요. 그런데 흰개미가 **지구온난화**를 막아 주는 중요한 역할을 한다는 사실이 밝혀졌어요.

탄소 배출을 줄여 주는 흰개미는 지구 지킴이

지구온난화를 빠르게 하는 주요 원인인 **탄소**는 죽은 생물이 썩으면서 뿜어져 나와요. 탄소를 줄일 수 있는 가장 좋은 방법은 죽은 생물이 자연적으로 썩되, 땅속에서 사라지는 속도가 빠른 것이래요. 이때 가장 큰 역할을 하는 것이 바로 흰개미예요. 흰개미는 죽은 나무를 **분해하는** 대표적인 생물이에요. 과학자들은 흰개미가 가진 분해 능력이 죽은 나무가 흙으로 돌아갈 때 나오는 탄소를 빠르게 없애줄 것이라 보고 있어요. 또한 기온이 높아질수록 흰개미의 분해 속도가 더 빨라진대요. 따라서 지구온난화가 진행될수록 흰개미들의 역할이 더 커질 것이라 기대하고 있어요.

정리하기

◎ 다음 빈칸을 채우세요

☐☐☐ 가 지구온난화를 막아주는 역할을 해요.

◎ 맞으면 O, 틀리면 X 하세요.

1. 흰개미는 나무는 갉아 먹지만, 나무로 만든 집은 먹지 않아요. ☐
2. 흰개미는 죽은 나무가 썩을 때 탄소를 빠르게 없애 줘요. ☐
3. 흰개미는 날씨가 따뜻할수록 죽은 나무를 더 빠르게 분해해요. ☐

◎ 신문 어휘 풀이

- 주범: 어떤 일에 대해 좋지 않은 결과를 만드는 주요 원인
- 지구온난화: 지구의 기온이 높아지는 현상
- 탄소: 숯이나 석탄의 주된 구성 원소
- 분해하다: 여러 부분이 결합되어 이루어진 것이 그 낱낱으로 나뉘다

토론하기

Q. 흰개미의 긍정적인 역할에 대해 설명해 보세요.

60 딱따구리는 왜 나무를 두드릴까요?

배경 지식

✓ **사람의 언어와 새의 지저귐**: 새의 지저귐은 사람의 언어와 비슷해요. 새는 지저귀면서 의사소통을 한대요. 지저귐은 부모 새에게서 배우는데요, 지저귀기 위해서는 복잡한 근육의 움직임이 필요해요.

신문 읽기

사진 설명: 딱따구리

새들도 의사소통을 한다고 하는데요, 어떻게 각자의 생각을 주고받을까요?

사람은 말로, 새들은 지저귐을 통해서 이야기해요

새들은 사람들이 말을 주고받는 것처럼 지저귐을 통해서 대화한다고 해요. 사람이나 새는 부모에게서 복잡한 근육을 사용하는 법을 배워서 말을 하고 지저귈 수 있게 되는 거예요. 그런데 노래를 못하는 새들은 어떻게 의사소통을 할까요?

노래를 못하는 새들이 의사소통을 하는 방법

연구자들은 딱따구리를 포함한 홍학, 펭귄, 오리 등 노래를 못하는 새의 뇌를 조사하다가 딱따구리에게서 재미있는 사실을 발견했어요. 노래하는 새에게서 발견된 특별한 의사소통 능력이 딱따구리에게는 나무를 쪼는 행동으로 나타난다는 거예요. 딱따구리가 나무 쪼기를 할 때 사용하는 뇌의 부분이 사람이 언어를 배우거나 새가 지저귈 때 쓰는 뇌의 부분과 비슷하대요. 노래를 못하는 딱따구리는 다른 새와 경쟁하거나 자신의 집을 지켜야 할 때 노래 대신 나무를 쪼는데요, 이것은 노래하는 새들이 부모에게서 지저귐을 배우듯, 배워서 익힌 의사소통을 위한 행동이라고 해요.

정리하기

◎ 다음 빈칸을 채우세요

　　□□□□ 는 대화하기 위해서 나무를 쪼아요.

◎ 맞으면 O, 틀리면 X 하세요.

1. 새들은 다른 새들과 대화하기 위해서 지저귀어요. □
2. 딱따구리는 집을 짓기 위해서만 나무를 쪼아요. □
3. 딱따구리가 나무를 쪼는 것은 태어나면서부터 자연스럽게 하는 행동이에요. □

◎ 신문 어휘 풀이

- 의사소통: 생각이나 말 등이 서로 통함
- 근육: 사람이나 동물의 몸을 움직이게 하는 힘줄과 살
- 조사하다: 어떤 일의 내용을 알기 위하여 자세히 살펴보거나 찾아보다
- 경쟁하다: 어떤 것에서 이기거나 앞서려고 서로 겨루다
- 익히다: 자주 경험하여 서투르지 않게 하다

토론하기

Q. 딱따구리는 어떨 때 나무를 쪼아요?

61 개는 주인의 마음을 어떻게 알아챌까요?

배경 지식

✓ **반려견**: 한 가족처럼 사람과 더불어 살아가는 개를 반려견이라고 해요.

신문 읽기

사진 설명: 반려견

개들은 주인에게 속상하거나 슬픈 일이 있을 때 기막히게 **알아채고** 주인을 위로해 줘요. 어떻게 그렇게 재빨리 주인의 기분을 알아챌까요? 주인의 표정을 보고 아는 걸까요? 주인의 행동을 보고 알아챌까요?

개가 주인의 기분을 알아채는 방법은 바로 이것

개가 주인의 기분을 알아채는 방법은 냄새를 통해서라는 **연구** 결과가 나왔어요. 사람은 스트레스를 받을 때 몸에서 나는 냄새가 달라지는데, 개는 그때 달라진 냄새를 알아챈다고 해요.

이렇게 실험해서 알아냈어요

영국의 한 연구팀은 개가 스트레스를 받았을 때와 받지 않았을 때 나는 사람들의 땀 냄새 차이를 정확하게 알아냈다는 연구 결과를 발표했어요. **훈련받은** 개 4마리에게 스트레스를 받은 사람들의 땀과 그 사람들이 스트레스를 받지 않았을 때의 땀을 **구별하도록** 했어요. 개들은 스트레스를 받은 땀의 냄새를 맡았을 때 짖는 등의 다른 행동을 보임으로써 땀의 냄새를 정확히 구별해 냈어요. 이것으로써 개가 냄새를 통해 사람의 기분 변화를 알아챌 수 있는 것으로 밝혀졌어요. 개들이 사람의 땀 냄새를 통해 스트레스를 어떻게 알아채는지는 정확히 알 수 없지만, 이것은 앞으로 연구를 통해 더 알아 나갈 수 있을 거예요.

정리하기

◎ 다음 빈칸을 채우세요

개가 사람의 기분을 알아채는 방법은 ☐☐ 예요.

◎ 맞으면 O, 틀리면 X 하세요.

1. 사람은 스트레스를 받을 때와 받지 않을 때 몸에서 나는 냄새가 달라요. ☐
2. 개들은 스트레스받은 사람의 땀 냄새를 더 좋아해요. ☐
3. 개는 사람의 땀 냄새를 통해서 주인의 기분을 알아차려요. ☐

◎ 신문 어휘 풀이

- **알아채다**: 어떤 일이 되어가는 분위기를 미리 알다
- **연구**: 어떤 일에 대해서 깊게 찾아보고 살펴보며 생각해 보는 일
- **훈련**: 가르쳐서 익히게 하다
- **구별하다**: 종류에 따라 나누다

토론하기

Q. 개들은 어떻게 주인의 기분을 알아챘어요? 위의 기사 내용을 정리해서 친구나 가족들에게 설명해 보세요.

62

꿀벌 떼가 전기를 만든다면

배경 지식

- **전기:** 전자가 움직이면서 생기는 에너지. 사람의 눈에는 보이지 않는 번개와 같은 에너지를 전기라고 해요.

신문 읽기

사진 설명: 꿀벌

우리는 매일 **전기**를 사용하면서 살아요. 그런데 전기를 쓰는 것은 인간만이 아니래요. 꿀벌도 먹이를 찾을 때 전기를 이용한다는데요, 더 나아가 심지어 전기를 만들 수도 있다고 해요.

꿀을 찾아 윙윙윙

꿀벌이 꿀을 많이 가지고 있는 꽃을 찾는 방법은 뭘까요? 향기로? 화려한 꽃잎으로? 아니에요. 꿀벌은 전기 신호를 이용해 꿀이 많이 있는 꽃을 찾아간대요. 그렇다면 꿀벌은 전기 신호로 꿀이 많이 있는 꽃을 대체 어떻게 알까요?

꿀벌이 꽃에 앉아 날갯짓을 빠르게 하면 **정전기**가 만들어지는데요, 그때 꽃잎에도 진동이 전달돼 정전기가 생겨요. 꽃잎에 정전기가 느껴진다는 것은 이미 다른 꿀벌들이 다녀왔다는 뜻이죠. 꿀벌들이 다녀갔다는 것은 그 꽃에 꿀이 많다는 뜻이겠죠? 꿀벌들은 이렇게 향기보다 꽃잎에 남은 정전기를 느껴, 꿀이 있는 꽃을 찾아내는 거예요.

꿀벌 떼가 날씨도 바꿀 수 있다는데?

꿀벌 떼가 함께 날개를 저을 때 생기는 정전기가 모이면 천둥을 만드는 구름보다 더 **강력한** 전기를 **발생**시킨대요. 꿀벌이 만든 전기는 먼지가 움직이는 방향도 바꿀 수 있고, **한정된** 곳의 날씨에도 **영향**을 미칠 수 있다고 해요.

정리하기

◎ 다음 빈칸을 채우세요

꿀벌 떼가 함께 날개를 저을 때 생기는 정전기가 모이면 강력한 ☐를 발생시켜요.

◎ 맞으면 O, 틀리면 X 하세요.

1. 꿀벌은 꽃의 향과 화려한 꽃잎으로 꿀을 찾아요. ☐
2. 정전기의 진동이 느껴지는 꽃잎에는 꿀이 별로 없어요. ☐
3. 꿀벌 떼의 날갯짓은 전기를 만드는데 날씨에도 영향을 미쳐요. ☐

◎ 신문 어휘 풀이

- 정전기: 두 물체가 서로 닿아 문질러지거나 비벼질 때 생기는 약한 전기
- 강력하다: 힘이나 영향이 크다
- 발생: 어떤 일이 일어나는 것
- 한정되다: 수량이나 범위 등이 제한되어 정해지다
- 영향: 어떤 것의 효과나 작용이 다른 것에 미치는 것

토론하기

Q. 꿀벌이 꿀을 많이 갖고 있는 꽃을 찾아갈 수 있는 방법은 뭐예요?

63

하늘에 뜬 홍시

배경 지식

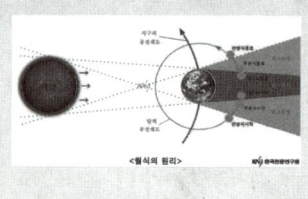

- **월식**: 태양-지구-달이 일직선상에 섰을 때, 지구 그림자에 달이 들어가는 현상이에요.
- **개기월식**: 달이 지구의 본 그림자 속에 완전히 들어가는 거예요.
- **부분월식**: 달이 지구의 본 그림자 속에 반쯤 들어가는 거예요.

신문 읽기

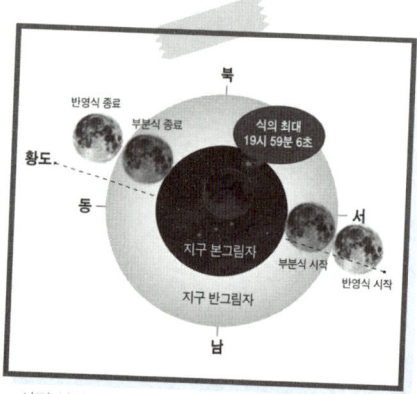

사진 설명: 2022년 11월 8일 개기월식 진행도
(출처: 한국천문연구원)

밤하늘의 달을 본 적이 있어요? 노란빛으로 빛나는 달은 보름달, 반달, 초승달의 모습으로 모양을 바꾸어 가며 밤을 밝혀 주는데요, 2022년 11월 8일 밤, 어쩐 일인지 하늘에 붉은 홍시 달이 떴대요.

지구가 달을 꿀꺽 삼켜 버렸다?
 11월 8일 저녁, 지구 그림자가 달을 완전히 가리는 **개기월식**이 우주쇼처럼 펼쳐졌어요. **월식**은 태양-지구-달이 **일직선**으로 늘어서게 되면서 지구 그림자에 달이 쏙 들어갈 때 나타나는 **현상**이에요.

홍시로 변한 달
 개기월식 때 달의 색이 홍시처럼 붉게 보이는데요, 그 이유는 태양 빛이 지구를 **통과할** 때 파란빛은 짧아서 사라져 버리고 길이가 긴 붉은빛만 통과해서 달을 비추기 때문이라고 해요. 월식은 달이 지구 그림자를 통과하면서 일어나고, 보통 평균 6개월에 한 번 정도 발생해요. 달이 지구 그림자로 완전히 들어가는 개기월식 때는 붉고 둥근 달이, 달이 지구 그림자로 반쯤 들어가는 부분월식 때는 달이 숭덩 잘린 것처럼 보여요.

정리하기

◎ 다음 빈칸을 채우세요

☐☐☐☐ 은 달이 지구의 본 그림자에 완전히 쏙 들어간 것을 말해요.

◎ 맞으면 O, 틀리면 X 하세요.
1. 태양, 지구, 달이 일직선상으로 늘어설 때 월식이 일어나요. ☐
2. 개기월식 때 달이 붉게 보이는 것은 달이 태양과 가깝게 있어서예요. ☐
3. 월식은 6개월에 한 번씩 볼 수 있어요. ☐

◎ 신문 어휘 풀이
- 일직선: 한 방향으로 쭉 곧은 줄
- 현상: 나타나 보이는 현재의 상태
- 통과하다: 어떤 곳이나 때를 거쳐서 지나가다
- 발생하다: 어떤 일이 일어나다

토론하기

Q. 개기월식과 부분월식 때 달은 각각 어떤 모양으로 보여요?

64. 문어가 친구에게 화가 나면…

배경 지식

- **사회적 동물**: 구성원들과 수많은 상호작용을 하며 구별되는 사회를 만들어 살아가는 생물을 가리키는 말이에요.
- **사회성**: 사람이나 동물이 사회에 적응하고 다른 이들과 잘 어울리며 집단을 이루어 살려고 하는 성질

신문 읽기

사진 설명: 문어

호주의 과학자들이 10마리의 문어를 24시간 동안 카메라로 살펴봤는데요, 문어가 다른 문어에게 조개껍데기를 집어던지는 장면이 **관찰**됐대요. 어쩌다가 조개를 던진 게 아니라는데요, 이유가 뭘까요?

문어도 화가 나면 조개껍데기를 던져요

문어가 조개껍데기나 진흙 덩어리를 던지는 행동은 우연히 한 것이 아니라 다른 문어와 **상호작용**을 할 때 일어났다고 해요. 다른 문어를 정확히 맞힌 경우는 17%나 된대요. 문어는 보통 화가 났을 때 피부색이 어둡게 변하는데요, 피부색이 어두울수록 조개를 더 세게 던지고 정확히 맞혔대요. 문어가 물건을 던지려고 다리를 들면, 상대 문어도 자세를 바꿨대요. 다리를 들거나 몸을 숙이면서요.

문어가 조개껍데기를 던진다는 것은

문어가 **사회성**을 가졌다는 것을 보여주는 **근거**예요. 상대에게 물건을 던진다는 것은 화가 났음을 알리거나 의사소통을 하기 위한 하나의 행동이거든요. 즉, 누군가와 관계를 맺으면서 살아간다는 것이죠. 물건을 던지는 것은 사람 외에 침팬지나 원숭이, 돌고래 등 집단생활을 하는 몇몇 동물들에게만 보이는 사회적인 행동이에요.

정리하기

◎ 다음 빈칸을 채우세요

문어가 조개를 집어 던지는 것은 문어가 ☐☐ 을 가졌다는 것을 보여 주는 근거예요.

◎ 맞으면 O, 틀리면 X 하세요.

1. 문어가 조개껍데기를 던진 것은 우연히 한 행동이에요. ☐
2. 문어의 피부색이 어두울수록 조개를 더 세게 던졌어요. ☐
3. 물건을 던지는 것은 화가 났음을 알리는 행동으로, 사회적 행동의 하나예요. ☐

◎ 신문 어휘 풀이

- 관찰: 사물이나 현상을 주의 깊게 자세히 살펴봄
- 상호작용: 짝을 이루거나 관계를 맺고 있는 이쪽과 저쪽 사이에서 주고받는 영향
- 근거: 어떤 일의 바탕이 되는 까닭, 이유
- 집단생활: 여럿이 모여 함께 생활함

토론하기

Q. 문어가 친구 문어에게 조개를 던지는 행동이 왜 문어가 사회성을 가진 것의 근거가 되는지 이야기해 보세요.

65

혼자서도 잘 가는 나는야, 자율주행 자동차!

배경 지식

- **자율주행 자동차**: 사람이 차를 운전하지 않아도 스스로 움직일 수 있는 자동차를 말해요.

신문 읽기

2023년부터 서울 강남에서 카카오T 앱으로 로봇 택시를 불러 탈 수 있다고 해요. 영화에서나 나올 법한 로봇 택시! 이게 정말일까요?

사진 설명: 자율주행 자동차

스스로 움직이는 자동차

자율주행 자동차는 운전자 없이도 스스로 움직일 수 있는 자동차를 말해요. 자율주행 자동차는 카메라, 레이저 등과 같은 다양한 **센서**를 통해 주변 환경을 알아차려요. 안전판의 **의미**도 **파악**하고요, 사람이 갑자기 도로에 뛰어드는 등의 갑작스러운 상황에도 **대처할** 수 있게 해 주지요. 또한 위성위치확인시스템(GPS)로 위치 정보와 도로 정보를 얻어 운전자가 없어도 스스로 달리거나 멈추지요.

강남에서 로봇 택시 운행을 시작하는 이유는

강남은 우리나라에서 가장 복잡한 도로 상황을 갖춘 곳이기 때문이에요. 강남에서 로봇 택시의 **시범 운행**이 무사히 이루어진다면 앞으로 어떤 도로에서도 로봇 택시가 다닐 수 있을 거예요. 현재 개발된 로봇 택시는 4단계로, 특정한 장소에서만 스스로 다닐 수 있는데요, 이제 곧 5단계 자율주행 자동차가 나오게 될 것이고 그렇다면 이제 우리는 운전하지 않고도 편안하게 영화를 보면서도, 책을 보면서도 차를 타고 어디든 갈 수 있어요.

정리하기

◎ 다음 빈칸을 채우세요

☐☐☐☐ 자동차는 사람이 운전하지 않아도 스스로 움직일 수 있는 자동차를 말해요.

◎ 맞으면 O, 틀리면 X 하세요.

1. 자율주행 자동차는 다양한 센서로 주변 환경을 알아차려요. ☐
2. 자율주행 자동차는 갑자기 사람이 뛰어들면 피하지 못해요. ☐
3. 5단계 자율주행 자동차는 특정한 장소에서만 스스로 다닐 수 있어요. ☐

◎ 신문 어휘 풀이

- 센서(sensor): 소리, 빛, 온도 등의 발생이나 변화를 알아내는 기계 장치
- 의미: 말이나 글, 기호 등이 나타내는 뜻
- 파악하다: 어떤 일이나 대상의 내용이나 상황을 확실하게 이해하여 알다
- 대처하다: 어떤 어려운 일이나 상황을 이겨 내기에 알맞게 행동하다
- 시범: 모범이 되는 본보기를 보임
- 운행: 정해진 길을 따라 자동차나 열차 등이 다님

토론하기

Q. 자율주행 자동차가 운행되면 어떤 점이 좋을 것 같아요?

66 돈을 내야 할까요? 안 내도 될까요?

배경 지식

- **망사용료**: 인터넷에 접속하거나 기타 서비스를 이용하는 것에 대한 이용 요금을 말해요.
- **무임승차**: 차비를 내지 않고 차를 탄다는 뜻으로, 이득을 얻지만 그에 대한 대가를 내지 않는 것을 말해요.

신문 읽기

사진 설명: SK브로드밴드와 넷플릭스 로고

한국 인터넷 회사 SK브로드밴드와 콘텐츠를 만드는 회사 넷플릭스가 3년 동안 **망사용료** 때문에 다투고 있어요. SK브로드밴드가 넷플릭스에게 인터넷으로 한국 고객들과 연결을 시켜 주니 그 사용료를 내라고 했는데 넷플릭스는 낼 수 없다고 주장해요.

SK브로드밴드의 입장은

지난 3년간 넷플릭스의 인기가 높아지면서 한국의 넷플릭스 이용자가 크게 늘어서 데이터 사용량이 24배나 늘었어요. 이 때문에 SK브로드밴드는 지난 3년간 많은 돈을 들여 **설비 투자**를 했어요. SK브로드밴드는 넷플릭스 때문에 전체 이용자들의 인터넷 사용료를 높일 수는 없으니 넷플릭스가 사용료를 내어야 한다고 주장해요.

넷플릭스의 입장은

'사용료를 낼 수 없다'예요. 인터넷 사용자들에게서 이용료를 받으면서 왜 자신들에게 사용료를 더 내라는 거냐는 입장이에요. 이 입장에 구글도 힘을 보태며 같은 주장을 하고 있어요. 더 나아가 트위치도 한국의 사용 요금에 대한 문제를 지적하면서 보란 듯이 한국 이용자들에게만 화질을 낮춰 버렸어요. 넷플릭스가 돈을 내지 않는 것을 무임승차라고 비판하는 사람들도 있고, 넷플릭스와 같은 회사가 망사용료를 내게 되면 결국 넷플릭스 고객들의 구독료가 비싸질 거라고 걱정하는 사람들도 있어요. 과연 해결책은 무엇일까요?

정리하기

◎ 다음 빈칸을 채우세요

차비를 내지 않고 차를 타는 것처럼, 어떤 것을 이용하고도 돈을 내지 않는 것을 ☐☐☐☐ 라고 해요.

◎ 맞으면 O, 틀리면 X 하세요.

1. 한국 넷플릭스 이용자가 늘어 데이터 사용량이 24배나 늘었어요. ☐
2. 넷플릭스는 인터넷 사용료를 더 낼 수 없다고 주장해요. ☐
3. SK브로드밴드는 전체 이용자와 넷플릭스 모두 사용료를 높여야 한다고 해요. ☐

◎ 신문 어휘 풀이

- 주장하다: 자신의 의견이나 신념을 굳게 내세우다
- 설비: 필요한 물건이나 시설을 갖춤. 또는 그런 시설
- 투자: 어떤 일이나 사업에 돈을 대거나 시간이나 정성을 쏟음
- 지적하다: 잘못된 점이나 고쳐야 할 점을 가리켜 말하다
- 화질: 화면의 밝기나 뚜렷함의 질
- 구독료: 책이나 잡지, 신문을 정기적으로 받아 보기 위해 내는 돈

토론하기

Q. 어느 쪽의 주장이 더 마음에 들어요? 위의 내용으로 찬반 토론을 해 보세요.

67 가을이 되면 왜 나무는 옷을 갈아입죠?

배경 지식

- **광합성**: 빛에너지를 이용하여 이산화탄소와 물을 산소와 필요한 영양분으로 바꾸는 것을 말해요.
- **엽록소**: 녹색 식물의 잎 속에 들어 있는 녹색 색소

신문 읽기

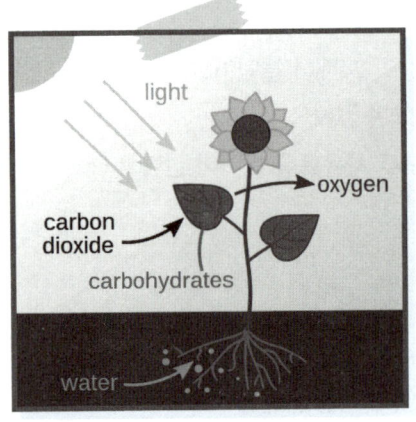

사진 설명: 광합성

가을이 되면 나무들이 아무도 몰래 물감으로 색칠 놀이를 한 듯 산 여기저기가 붉게 물들기 시작해요. 나무의 물감 놀이는 왜 가을이 되면 시작될까요?

가을이 되면 단풍이 물드는 것은 바로 이것 때문!

식물은 빛에너지를 이용해 이산화탄소와 물을 산소와 영양분으로 만드는 **광합성** 작용을 해요. 이때 식물 속에 들어 있는 **엽록소**가 빛을 받아들이는 역할을 해요. 여름의 강한 햇빛에 엽록소의 초록색 색소는 더 활발하게 힘을 내지요. 그런데 가을이 되면 낮의 길이가 점점 짧아져서 식물들은 전처럼 광합성을 충분히 할 수 없게 돼요. 그때 엽록소가 힘을 잃으면서 나뭇잎이 품고 있던 다른 색들이 모습을 드러내는 거예요.

그런데 요즘 붉은 단풍잎 색이 누렇게 변해 가고 있어요

나뭇잎을 붉은색으로 만드는 것은 '**안토시아닌**'이란 성분이에요. 안토시아닌은 **일교차**가 큰 서늘한 온도에서 광합성을 할 때 잘 만들어져요. 그런데 지구온난화로 평균 기온이 높아진 데다 비가 많이 내리고, **일조량**이 줄어서 나뭇

잎 속 안토시아닌이 충분히 만들어지지 않는대요. 그래서 단풍색이 점점 누런 빛을 띤다고 해요.

선명하고 붉은 단풍잎은 이제 보기가 어려워지는 걸까요? 나무가 보여 주는 선명하고 알록달록한 물감 쇼를 오래오래 보기 위해서는 환경을 지키기 위한 노력이 필요해요.

정리하기

◎ 다음 빈칸을 채우세요.

식물은 빛에너지를 이용해 이산화탄소와 물을 산소와 영양분으로 만드는 것을 ☐☐☐라고 해요.

◎ 맞으면 O, 틀리면 X 하세요.

1. 가을이 되면 식물들은 광합성을 충분히 할 수 없게 돼요. ☐
2. 나뭇잎을 붉은색으로 만드는 것은 안토시아닌 때문이에요. ☐
3. 지구온난화 때문에 단풍색이 점점 더 붉어져요. ☐

◎ 신문 어휘 풀이

- **안토시아닌**: 식물의 꽃, 잎, 열매 따위의 세포액 속에 들어 있어서 빨강, 파랑, 초록, 자주 따위의 빛깔을 나타내는 색소
- **일교차**: 하루 동안에 기온, 기압, 습도 등이 바뀌는 차이
- **일조량**: 햇볕이 비치는 양

토론하기

Q. 지구온난화와 단풍잎의 색은 어떤 관계가 있어요?

68

잠자던 바이러스가 깨어났다

배경 지식

- 감염력: 바이러스가 동물이나 식물의 몸 안으로 들어가 많아지는 능력을 말해요.
- 영구동토층: 2년 이상 모든 계절 동안 토양이 0도 이하로 유지되는 곳을 말해요.

신문 읽기

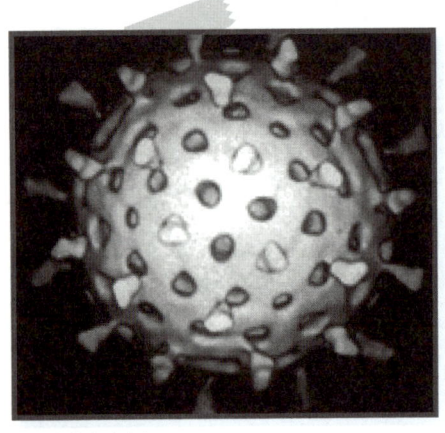

사진 설명: 바이러스

4만 5천 년 동안 잠들어 있던 바이러스가 잠에서 깨어나기 시작했어요. 이 바이러스는 아직도 동식물을 감염시킬 수 있는 능력이 있는 것으로 밝혀져 과학자들이 긴장하고 있어요.

잠자던 바이러스가 깨어났어요

빙하나 **영구동토층**에 갇혀 있던 바이러스가 잠에서 깨어나기 시작했어요. 지구온난화로 빙하가 빠르게 녹기 시작했기 때문이죠. 수만 년 동안 잠들어 있던 바이러스는 여태껏 우리 인간들이 만나 보지 못한 낯선 바이러스예요. 그렇기에 이들 바이러스에 대한 지식도, **면역력**도 전혀 없는 상태예요. 이들에 대한 연구가 이루어지지 않았기 때문에 이 바이러스들이 우리에게 어떤 피해를 얼마나 줄지 아무도 **예상**할 수 없어요.

코로나 다음, 새로운 팬데믹의 시작?

고대 바이러스의 **감염력**이 살아 있더라도 실제로 사람에게 감염시킬 가능성은 적어요. 하지만 연구진들은 얼음이 녹는 속도가 빨라지고 그 지역에 사는 사람들이 늘어나면 감염 위험은 높아질 수 있다고 말했어요. 또한 얼음 속에 갇혀 있던 바이러스와 **세균**이 기후변화로 세상 밖으로 나오면서 **야생동물**들을 감염시킬 위험이 있다고 밝혔어요. 빙하가 녹은 물이 많은 곳일수록 바이러스 감염 위험은 더 높은 것으로 나타났어요.

정리하기

◎ 다음 빈칸을 채우세요

☐☐☐을 지닌 고대 바이러스가 잠에서 깨어나기 시작했어요.

◎ 맞으면 O, 틀리면 X 하세요.

1. 빙하가 녹기 시작하면서 얼음에 갇혀 있던 바이러스가 나타나기 시작했어요. ☐

2. 이 바이러스들에 대해 과학자들은 잘 알고 있어서 문제가 없어요. ☐

3. 빙하가 녹은 물이 많은 곳일수록 감염 위험은 높아요. ☐

◎ 신문 어휘 풀이

- **감염**: 병균이 식물이나 동물의 몸 안으로 들어가 퍼짐
- **면역력**: 몸 밖에서 들어온 병균을 이겨 내는 힘
- **예상**: 앞으로 있을 일이나 상황을 짐작함. 또는 그런 내용
- **팬데믹**: 전염병이 전 세계적으로 크게 유행하는 현상
- **세균**: 사람들을 병에 걸리게 하거나 음식을 썩게 하는 아주 작은 생물
- **야생동물**: 산이나 들에서 저절로 나서 자라는 동물

토론하기

Q. 빙하가 빠르게 녹으면 바이러스와 관련하여 어떤 문제들이 생길 수 있을까요?

69 190살 할아버지 거북이의 생일날

배경 지식

- 육상 동물: 육상(땅 위)에서 생활하는 동물이에요. 포유류, 조류, 파충류, 곤충류, 거미류 따위가 있어요.
- 멸종위기: 생물의 한 종류가 아주 없어질 위험한 고비를 말해요.

신문 읽기

사진 설명: 거북이

세인트헬레나 섬*에 사는 거북이 '조너선'이 190세 생일을 맞았어요. 조너선의 생일을 축하하는 기념 우표도 만들고, 조너선의 생일을 축하하기 위해 방문한 사람들에게 조너선을 **공개했어요**.

거북이 조너선 할아버지 나이가 정말 190살이라고요?

조너선이 언제 태어났는지 정확하게 보여주는 **기록**은 없어요. 하지만 조너선의 껍데기로 **측정한** 결과, 1832년 정도에 태어난 것으로 **추정하고** 있어요. 기네스북에 따르면 조너선은 세계에서 가장 나이가 많은 **육상 동물**이자, 거북이라고 해요.

조너선 할아버지, 오래오래 건강하세요!

조너선 할아버지는 '세이셸 자이언트' 거북이로, 현재 **멸종위기**에 처한 종이에요. 조너선은 현재 온몸에 주름이 졌고, 앞도 보지 못하고 냄새도 못 맡아요. 눈앞에 음식을 두어도 알아보지 못한대요. 하지만 다행히 청력만은 여전히 뛰

* 남대서양에 있는 영국령의 3개 섬(세인트헬레나, 어센션 섬, 트리스탄다쿠냐)들 중 하나.

어나서 담당 수의사의 목소리에 빠르게 반응한다고 해요. 조너선은 날씨가 좋으면 긴 목을 빼고 다리를 뻗고선 **일광욕**을 하는 등 활기차게 하루를 보낸대요. 하지만 추우면 풀더미에 들어가 종일 나오지 않는다고 해요. 조너선 할아버지는 세인트헬레나섬의 유명인이에요. 세인트헬레나의 5펜스짜리 동전의 뒷면에도 조너선 할아버지의 모습이 새겨져 있어요.

정리하기

◎ 다음 빈칸을 채우세요.

조너선은 세계에서 가장 나이가 많은 ☐☐ 동물이자, 거북이예요.

◎ 맞으면 O, 틀리면 X 하세요.

1. 조너선 거북이의 나이가 190살인 것은 조너선의 껍데기를 보고 추정했어요. ☐
2. 조너선 거북이는 나이가 많아서 냄새도 못 맡고 소리도 잘 못 들어요. ☐
3. 세인트헬레나의 동전 뒷면에 조너선 거북이의 모습이 새겨져 있어요. ☐

◎ 신문 어휘 풀이

- **공개하다**: 어떤 사실이나 사물, 내용 따위를 여러 사람에게 널리 터놓다
- **기록**: 주로 훗날에 남길 목적으로 어떤 사실을 적은 글
- **측정하다**: 양을 재다
- **추정하다**: 미루어 생각하여 판단, 구별하고 정하다
- **종**: 종류를 세는 단위
- **일광욕**: 치료나 건강을 위하여 온몸을 드러내고 햇빛을 쬐는 일

토론하기

Q. 190살이 된 조너선 할아버지 거북이에게 궁금한 점이 있어요? 질문을 만들어 보세요.

70 우주에서 가장 예쁜 토성 고리 나이는 몇 살?

배경 지식

- **태양계**: 태양과 태양을 중심으로 타원 운동하는 8개의 행성 및 소행성 등으로 구성된 천체를 말해요.
- **위성**: 행성 주위를 도는 천체의 한 분류. 지구의 유일한 천연 위성은 달이에요.

신문 읽기

사진 설명: 토성

아름다운 고리를 가진 것으로 유명한 토성의 나이가 지금까지 우리가 알고 있던 것보다 훨씬 어리다고 해요.

토성, 넌 누구야?

토성은 선명하고 아름다운 고리 덕분에 태양계에서 가장 많은 관심과 사랑을 받는 행성이에요. 토성은 목성 다음으로 태양계에서 2번째로 큰 행성이에요. 토성을 처음 발견한 것은 1609년 이탈리아의 천재 과학자 갈릴레오 갈릴레이예요. 갈릴레이는 그 당시 망원경으로는 토성의 고리를 확실하게 살펴보지 못했지만 '토성의 양쪽에 귀 모양의 괴상한 물체가 붙어 있다'라고 말하며 토성에 고리가 존재한다는 사실을 알렸지요.

토성 고리의 나이가 우리가 알던 것보다 훨씬 어리다는데

사람들은 지금까지 약 40억 년 전에 토성의 강력한 중력이 가까이 있는 혜성과 소행성을 납작하게 만들어서 토성 고리가 생겼다고 생각했어요. 그런데 최근 토성을 분석한 결과, 토성의 고리는 1~2억 년 전에 위성이 파괴되면서 만들어진 것이라는 연구 결과가 나왔어요. 과학자들은 토성 고리의 질량이 생각보다 무겁지 않고 얼음 상태도 깨끗하다는 것을 그 근거로 들었어요. 태양계에서 가장 아름다운 고리인 토성 고리! 이번 연구 결과는 토성 고리의 나이에 대한 새로운 점들을 알려 주었지만, 이에 대해서는 **보완해** 나가야 할 점이 많다고 해요.

정리하기

◎ 다음 빈칸을 채우세요

☐ 은 목성 다음으로 태양계에서 2번째로 큰 행성이에요.

◎ 맞으면 O, 틀리면 X 하세요.

1. 토성은 아름다운 고리 덕분에 가장 많은 사랑과 관심을 받는 행성이에요. ☐
2. 토성 고리를 가장 먼저 발견한 사람은 갈릴레오 갈릴레이예요. ☐
3. 토성 고리의 나이는 40억 년쯤 되었어요. ☐

◎ 신문 어휘 풀이

- **선명하다**: 뚜렷하고 분명하다
- **행성**: 중심 별이 강하게 끌어당기는 힘 때문에 타원형의 궤도를 그리며 중심 별의 주위를 도는 천체
- **존재하다**: 실제로 있다
- **중력**: 지구 위의 물체가 지구로부터 받는 힘. 또는 모든 물체가 서로 잡아당기는 힘
- **혜성**: 태양을 중심으로 타원이나 포물선을 그리며 도는, 꼬리가 달린 천체
- **소행성**: 화성과 목성의 궤도 사이에서 태양의 둘레를 도는 작은 행성
- **분석하다**: 더 잘 이해하기 위하여 어떤 현상이나 사물을 여러 요소나 성질로 나누다
- **파괴되다**: 부서지거나 깨뜨려져 무너지다
- **질량**: 물체의 고유한 양
- **보완하다**: 모자라거나 부족한 것을 보충하여 완전하게 하다

토론하기

Q. 태양계에 토성 외에 알고 있는 행성이 있어요? 토성 외에 어떤 행성이 있는지 조사해 보세요.

71

석탄 가라! 태양광 에너지가 오신다!

배경 지식

- 태양광 에너지: 태양광을 이용해 얻는 에너지예요.
- 신재생 에너지: 기존의 화석연료를 재활용하거나 다시 쓸 수 있는 에너지를 변환시켜 이용하는 에너지로 태양 에너지, 지열 에너지, 해양 에너지, 바이오 에너지 등이 있어요.

신문 읽기

사진 설명: 신재생에너지

현재 우리가 가장 많이 쓰는 에너지는 석탄 에너지예요. 그러나 3년 뒤에는 **신재생 에너지**가 석탄보다 많이 쓰일 거라는 **분석**이 나왔어요.

신재생 에너지가 뭐예요?

사람들이 현재 주로 이용하고 있는 에너지는 화석연료예요. 화석연료는 오래전 지구에 살았던 생물의 잔해에 의해 만들어진 에너지 자원으로 석탄, 석유, 천연가스 등을 말해요. 그런데 화석연료를 사용하면 이산화탄소가 나오고, 이는 지구온난화를 일으키면서 기후변화를 일으켜요. 그래서 태양, 바람과 같이 자연을 이용해서 에너지를 만드는 노력을 기울이고 있어요. 이런 에너지를 신재생 에너지라고 해요.

신재생 에너지를 사용하려는 움직임이 급격히 빨라진 것은

러시아와 우크라이나의 전쟁 때문이에요. 러시아는 세계에서 가장 많이 에너지를 **수출**하는 나라였어요. 그런데 **서방국가**들이 전쟁을 일으킨 러시아를 반대하고 나서자, 러시아는 에너지 **공급**을 막았어요. 이에 많은 나라들이 러시아산 에너지 대신 태양광, 풍력 등의 신재생 에너지를 사용하려고 재빨리 움직이고 있어요. IEA(국제에너지기구)는 2025년에 신재생 에너지가 세계 최대 사용 에너지가 될 것으로 **예상**했어요. 27년에는 신재생 에너지가 38%, 석탄이 30%, 천연가스가 21% 사용될 거예요. 화석연료에서 신재생 에너지로 옮겨 가면 기후변화에도 긍정적인 영향을 미칠 거예요.

정리하기

◎ 다음 빈칸을 채우세요

□□□ 에너지는 태양, 바람과 같이 자연을 이용하는 에너지를 말해요.

◎ 맞으면 O, 틀리면 X 하세요.

1. 화석연료를 사용하면 이산화탄소가 나오고 이것은 지구온난화를 일으켜요. □

2. 서방 국가들이 전쟁에 반대했지만, 러시아는 그 나라들에 에너지를 공급했어요. □

3. 25년에는 신재생 에너지가 세계에서 가장 많이 사용하는 에너지가 될 거예요. □

◎ 신문 어휘 풀이

- 분석: 더 잘 이해하기 위하여 어떤 현상이나 사물을 여러 요소나 성질로 나누는 것
- 잔해: 썩거나 타다 말고 남은 뼈
- 수출: 국내의 상품이나 기술을 외국으로 팔아 내보냄
- 서방국가: 서유럽 지방의 자유주의 국가
- 공급: 요구나 필요에 따라 물건이나 돈 등을 대어 줌
- 예상하다: 앞으로 있을 일이나 상황을 짐작하다

토론하기

Q. 화석연료를 사용하는 대신 신재생 에너지를 사용하면 좋은 점이 무엇인지 설명해 보세요.

72

누가 누가 먼저 달에 가나!

배경 지식

- **아폴로 11호**: 인류 역사상 처음으로 달 표면에 착륙한 미국의 유인 우주선(사람이 탄 우주선)이에요. 1969년 7월 20일, 아폴로 11호를 타고 간 닐 암스트롱 선장은 달에 역사적인 인류의 첫 발자국을 남겼어요.

신문 읽기

사진 설명: 아폴로 11호

아폴로 11호가 인류 역사상 처음으로 달에 **착륙**한 지 50여 년이 지난 지금, 우주 개발에 앞장선 미국, 중국 등을 포함한 여러 국가가 달 탐사와 더불어 달에 기지를 지으려고 애쓰고 있어요.

내가 먼저 달에 갈 거야!

먼저 미국 항공우주국(NASA·나사)는 아르테미스 계획을 진행 중이에요. 50년 전 아폴로 11호는 달을 직접 밟고 착륙지 주변을 **탐험**한 것에 그쳤지만, 2025년에는 **유인 우주선**을 달에 계속 보내 달 **기지**를 만들 계획이에요. 아르테미스 계획의 최종 목표는 사람을 달에 **상주**시키는 것이에요. 중국은 2007년 '창어 1호'를 달에 올려 보냈는데요, 2019년에는 창어 4호가 세계 최초로 달 뒷면에 착륙했고, 2020년에는 달 샘플을 구한 뒤 **귀환**에 성공했어요. 중국도 미국과 마찬가지로 2030년, 달 기지와 우주 정거장을 짓는 데 힘을 쏟고 있어요.

달은 하늘에 떠 있는 광산이래요

달에는 헬륨-3, 희토류 등 지구에서는 구하기 어려운 **자원**들이 풍부하게 있기 때문이에요. 헬륨-3이라는 자원은 석탄 40톤 어치 에너지를 내면서도 나쁜 물질을 뿜지 않는 꿈의 **연료**고요, 달에 있는 헬륨-3을 가져오면 지구 전체에

1만 년간 에너지를 공급할 수 있대요. 또한 희토류는 스마트폰, 전기 자동차, TV 등 전자제품을 만드는 데 쓰이는 자원이에요. 세계 각국이 저마다 달에 가려고 하는 이유가 바로 이런 자원들 때문이에요. 한국도 달에 가려는 계획을 세웠어요. 2032년 달에 착륙하고 자원을 찾아 나서겠다고 해요.

정리하기

◎ 다음 빈칸을 채우세요.

달에는 지구에서 구하기 어려운 ▢▢ 이 풍부하게 있어요.

◎ 맞으면 O, 틀리면 X 하세요.

1. 미국 아르테미스 계획의 최종 목표는 사람을 달에 계속 머물게 하는 거예요. ▢
2. 중국은 달에 우주 정거장을 짓는 데는 큰 관심이 없어요. ▢
3. 한국은 2032년에 달에 착륙하겠다는 계획을 세웠어요. ▢

◎ 신문 어휘 풀이

- **착륙하다**: 비행기 등이 공중에서 땅에 내리다
- **탐험하다**: 위험을 참고 견디며 어떤 곳을 찾아가서 살펴보고 조사하다
- **유인 우주선**: 사람이 탄 우주선
- **기지**: 군대나 탐험대 등이 머물면서 활동할 수 있게 필요한 시설을 갖춘 장소
- **상주**: 한곳에 계속 머물러 있음
- **귀환**: 잠시 다른 곳으로 떠났다가 원래 있던 곳으로 돌아가거나 돌아옴
- **광산**: 광물을 캐내는 곳
- **자원**: 사람이 생활하거나 경제적인 생산을 하는 데 이용되는 재료
- **연료**: 태워서 빛이나 열을 내거나 기계를 움직이는 에너지를 얻을 수 있는 물질

토론하기

Q. 여러 나라에서 달에 가려고 하는 이유가 뭐예요?

73 맛있는 귤의 정체를 밝혀라!

배경 지식

- **귤**: 감귤나무 열매로 모양은 둥글납작하고 빛깔은 주황 혹은 붉은색이에요. 초여름(5월 중하순)에 흰 꽃이 피고 6~9월에 열매가 열리고 겨울에 노랗게 과실이 익어요.

신문 읽기

사진 설명: 귤

겨울철 따뜻한 이불 속에서 까먹는 **귤** 맛은 그야말로 꿀맛인데요, 어떤 귤을 골라야 맛있을까요? 맛있는 귤에는 비밀이 숨겨져 있다고 합니다.

스트레스를 받은 귤이 맛있다?

사람은 스트레스를 많이 받으면 몸 여기저기가 아프지만, 귤나무는 스트레스를 많이 받으면 받을수록 단맛이 강해져요. 그래서 귤을 **재배할** 때 일부러 귤나무에 스트레스를 주려고 물을 적게 주거나 **재배지**를 천으로 덮는 방법을 쓰기도 해요. 귤이 스트레스를 받지 않고 자라면 더 맛있는 귤이 될 것 같지만, 의외로 **영양분**을 충분히 받고 자란 귤이 단맛이 덜 난다고 해요.

스트레스를 많이 받은 귤은 껍질이 얇아져

귤나무가 스트레스를 많이 받으면 귤 크기도 작아지고 껍질도 얇아져요. 또한 귤나무 아래쪽에 달려 있는 귤들이 껍질도 얇고 더 맛있는데요, 그 이유는 귤나무 이파리가 품고 있는 **당**은 위에서 아래로 내려가는 성질이 있기 때문이에요. 또 나무 중심에 있는 귤들보다 나무 중심부에서 멀리 떨어져 있는 귤들은 영양분을 덜 받아 단맛을 더 많이 가지고 있대요. 또한 귤은 오래 보관할수록 더 달아져요. 오래 보관하면 귤의 수분이 날아가 껍질이 얇아지고 원래 귤이 가지고 있던 단맛이 더 농축되기 때문이에요.

정리하기

◎ 다음 빈칸을 채우세요
  귤이 스트레스를 받으면 껍질이 ☐☐☐☐.

◎ 맞으면 O, 틀리면 X 하세요.
  1. 자라면서 스트레스를 많이 받은 귤은 맛이 없어요.
  2. 영양분을 충분히 받아야 귤이 맛있어져요.
  3. 귤나무 아래에 달린 귤이 더 달고 껍질도 얇아요.

◎ 신문 어휘 풀이
  · 재배하다: 식물을 심어 가꾸다
  · 재배지: 식물을 심어 가꾸는 땅
  · 영양분: 영양이 되는 성분
  · 당: 물에 잘 녹으며 단맛이 있는 탄수화물
  · 수분: 물건이나 물질에 들어 있는 물
  · 농축: 어떤 물질을 구성하는 성분 중 일부를 없애 그 성질을 진하게 함

토론하기

Q. 어떤 귤이 맛있는 귤인지 부모님께 설명해 드리세요.

74

어린 시절의 나와 이야기를 나눌 수 있다면

배경 지식

- AI: 인공지능. 인간의 지능이 가지는 학습, 추리, 적응, 논증 따위의 기능을 갖춘 컴퓨터 시스템이에요.

신문 읽기

사진 설명: 챗봇

묻는 말에 대답하는 것에서 그치지 않고 사람과 자연스럽게 대화를 나눌 수 있는 AI 챗봇이 드디어 등장했어요.

나와 얘기해 봐요, 챗GPT

챗GPT는 인류 역사상 가장 똑똑한 인공지능 언어 모델인 GPT-3을 기반으로 만들어진 챗봇인데요, 기존의 챗봇들이 묻는 말에만 대답할 수 있고 맥락에 맞지 않는 말을 하기도 했다면, 챗GPT는 사람과 구별하기가 어려울 정도로 자연스럽게 대화를 할 수 있다고 해요. 또한 챗GPT는 이용자가 글을 써 달라고 하면 어떤 주제로든 그 자리에서 뚝딱 글 한 편을 만들어 내죠. 이렇게 빨리 글을 쓸 수 있는 것은 주제에 맞는 답을 어마어마한 양의 언어 데이터베이스에서 찾아내기 때문이에요. 이용자의 물음에 정확한 답만 찾아 주고 대화를 넘어서 문제 해결에 필요한 답까지 짚어 주는 것이 챗GPT의 가장 큰 장점이에요.

어린 시절의 나와 대화도 나눌 수 있어요

한 개발자는 자신이 10대 시절에 썼던 일기장을 챗GPT에 학습시켰어요. 그 일기장에는 그 개발자가 당시 했던 생각들과 꿈들이 담겨 있었죠. 그는 자신의 일기장을 챗GPT에게 공부시킨 후 '어린 시절의 나'와 대화를 나눌 수 있었다고 해요. 이러한 인공지능은 언어 영역에만 머물지 않아요. 그림 그리는 인공지능들도 큰 화제가 되고 있어요. 인공지능의 능력은 어디까지 닿을까요? 이제, 인공지능과 작가가 함께 일해서 작품을 만들어 내는 시대가 시작되었어요.

정리하기

◎ 다음 빈칸을 채우세요.

사람과 자연스러운 대화가 가능한 [　　] 가 개발됐어요.

◎ 맞으면 O, 틀리면 X 하세요.

1. 챗GPT는 사람과 자연스럽게 대화할 수 있어요. [　]
2. 챗GPT는 대화는 할 수 있지만 글은 쓰지 못해요. [　]
3. 인공지능은 언어에만 사용되고 그림과 같은 다른 영역에는 사용이 안 돼요. [　]

◎ 신문 어휘 풀이

- 인류: 전 세계의 모든 사람
- 인공지능: 인간의 지능이 가지는 학습, 추리, 적응, 논증 따위의 기능을 갖춘 컴퓨터 시스템
- 기반: 기초가 되는 바탕
- 기존: 이미 있는 것, 존재하는 것
- 맥락: 서로 이어져 있는 관계나 연관된 흐름
- 데이터베이스: 컴퓨터에 많은 자료를 저장해 두고 여러 가지 형태로 이용할 수 있도록 한 자료
- 개발자: 새로운 물건을 만들거나 새로운 생각을 내놓는 사람

토론하기

Q. 여러분이 유치원에 다닐 때의 여러분과 이야기를 나눌 수 있다면, 무슨 이야기를 하고 싶어요?

75 공룡은 무얼 먹고 살았을까?

배경 지식

- **공룡**: 공룡(dinosaur)은 중생대 동안 지구에서 가장 번성했던 파충류 가운데 하나예요.
- **포유류**: 포유류는 젖을 먹여 새끼를 키우는 동물을 말해요. 사람을 비롯해 개, 고양이, 호랑이, 사자 등이 포유류에 속해요.

신문 읽기

사진 설명: 미크로랍토르 화석

공룡이 **포유류**를 먹었다는 화석 자료가 발견됐어요. 캐나다 맥길대학교 생물학과 연구팀은 **육식공룡**인 미크로랍토르 배 속에서 포유류의 발뼈가 발견됐다고 밝혔어요.

미크로랍토르라는 공룡은 중국에서 살던 깃털 달린 소형 육식공룡이에요

미크로랍토르는 몸길이가 40~80cm, 무게는 1~3kg 정도로 공룡 중에서도 아주 작은 공룡에 속해요. 날개가 4개 달린 미크로랍토르는 숲 주변을 날아다니며 **능숙하게** 작은 동물들을 사냥했을 것으로 **짐작돼요**.

미크로랍토르의 배 속에서 포유류가 발견된 것은 이번이 처음이에요

미크로랍토르는 다양한 먹이를 먹었을 것으로 **추정되었어요**. 지금까지 이 공룡의 배 속에서 물고기, 새, 파충류 등이 발견되었기 때문이죠. 그러나 이번 연구에서 약 1센티미터 길이의 쥐만 한 포유류의 발이 그대로 **보존되어** 있는 것을 처음으로 찾아냈어요. 이는 날아다니는 미크로랍토르가 땅에 사는 포유류를 사냥하기 위해 빠르게 땅으로 날아서 내려왔음을 말해 주는 것이에요. 캐나다 연구팀은 먹은 음식이 완벽하게 보존된 공룡 화석들을 발견하는 경우가 많아지고 있다면서, 앞으로 공룡에 대한 더 많은 사실을 알게 될 거라고 기대감을 내비쳤어요.

정리하기

◎ 다음 빈칸을 채우세요

미크로랍토르의 배 속에서 ☐☐ 의 발이 발견됐어요.

◎ 맞으면 O, 틀리면 X 하세요.

1. 미크로랍토르의 배 속에서 포유류의 발은 종종 발견되어 왔어요. ☐
2. 미크로랍토르는 꽤 큰 편에 속하는 공룡이었어요. ☐
3. 공룡들이 먹은 음식이 완전하게 보존되어 있는 경우가 많아지고 있어요. ☐

◎ 신문 어휘 풀이

- 육식공룡: 동물의 고기를 먹고 살던 공룡
- 능숙하다: 어떤 일에 뛰어나고 익숙하다
- 짐작되다: 사정이나 형편 따위가 대강 헤아려지다
- 추정되다: 미루어져 생각되어 판단되고 정해지다
- 보존되다: 중요한 것이 잘 보호되어 그대로 남겨지다

토론하기

Q. 미크로랍토르라는 공룡에 대해 알게 된 것을 모두 설명해 보세요.

76 다누리가 찍어 보낸 달과 지구의 모습

배경 지식

✓ **다누리:** 다누리는 대한민국 최초의 달 탐사선이에요. 달 상공을 돌면서 달의 표면을 관측하는 것을 주요 임무로 해요. '다누리'라는 이름에는 달을 모두 누리고 오길 바라는 마음과 한국 최초의 달 탐사가 성공하길 기도하는 의미가 담겨 있어요.

신문 읽기

달 궤도선 '다누리'가 2022년 12월 24일에 달과 지구의 모습을 찍어 보내 왔어요.

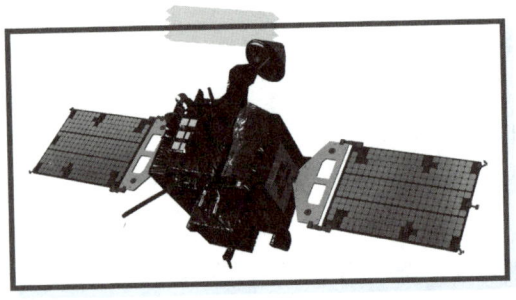

사진 설명: 다누리

'다누리'는 대한민국 최초의 달 탐사선이에요

2022년 8월에 달로 향한 다누리는 약 4개월 반의 항해 끝에 달 궤도에 들어가게 됐어요. 다누리가 달 궤도에 성공적으로 도착하게 되면서 한국은 세계 7번째 달 **탐사** 국가가 되었어요. 이제 한국도 **독자적**으로 달 탐사를 시작할 수 있는 길이 열린 것이지요.

달 궤도에 진입한 다누리가 하게 될 역할은…

다누리는 '궤도선'이라는 이름에서 알 수 있듯이 달 상공 궤도에서만 **임무**를 **수행**하고 달에 **착륙**하지는 않아요. 다누리는 2023년 1월 한 달간 기초 준비를 마친 후 2월부터는 달에 가까이 다가가, 물과 헬륨-3 등 인류의 미래 자원을 찾을 거예요. 1969년 인간이 처음 달에 착륙한 이래, 다누리는 달에 가장 가깝게 다가가 관찰한 탐사선이라는 평가를 받고 있어요. 한국은 다누리가 보내온 달에 대한 여러 가지 정보를 바탕으로 해서 10년 뒤인 2032년에 달 착륙을 목표로 하고 있어요. 다누리는 달을 모두 다 누리고 오라는 뜻으로 지어진 이름이에요. 다누리의 이름처럼 1년간 달을 마음껏 품으며 한국의 우주탐사 기술과 힘을 키워 주기를 모두가 바라고 있어요.

정리하기

◎ 다음 빈칸을 채우세요

☐☐☐ 는 대한민국 최초의 달 탐사선이에요.

◎ 맞으면 O, 틀리면 X 하세요.

1. 다누리의 성공적인 달 궤도 도착에 한국은 세계 7번째 달 탐사 국가가 되었어요. ☐

2. 다누리는 달 궤도뿐만 아니라 달에 착륙해서 달의 여기저기를 관찰할 거예요. ☐

3. 다누리는 달을 다 누리고 오라는 뜻의 이름이에요. ☐

◎ 신문 어휘 풀이

- **궤도선**: 목표 천체를 공전하면서 탐사 활동을 수행하는 우주선
- **항해**: 배를 타고 바다 위를 다님
- **탐사**: 알려지지 않은 사물이나 사실을 빠짐없이 조사함
- **독자적**: 남에게 기대지 아니하고 혼자서 하는 것
- **임무**: 맡은 일. 또는 맡겨진 일
- **수행하다**: 일을 생각하거나 계획한 대로 해내다
- **착륙하다**: 비행기 등이 공중에서 땅에 내리다

토론하기

Q. 여러분이 달에 간다면 무엇을 가장 해 보고 싶어요?

77

조심! 우주 쓰레기가 머리 위로 떨어질지도 몰라요

배경 지식

✓ **우주 쓰레기**: 우주에 떠다니는 쓰레기를 뜻하는 말이에요. 지구 궤도를 도는 각종 물체 중에서 사람이 만들었으나 쓸모가 없는 것들을 말해요.

신문 읽기

사진 설명: 우주쓰레기

왼쪽 그림은 지구를 둘러싸고 있는 **우주 쓰레기**를 **추정**하여 그린 그림이에요. 지구 궤도에는 현재 7,000개가 넘는 인공위성이 움직이고 있고요, **수명**을 다해 우주를 떠돌고 있는 위성도 3,000개나 된다고 해요.

현재 지구 궤도에는 고장 난 위성들이 우주를 떠돌아 다니고 있어요

이렇게 쓸모가 없어진 위성들과 그 잔해물들을 우주 쓰레기라고 불러요. 갈 곳 없이 지구 주위를 맴돌고 있는 고장 난 위성들이 무려 3,000개나 된다고 해요. 위성 잔해들은 우주를 떠돌아다니다가 서로 부딪치기도 하는데요, 그때 **파편**을 만들어내요. 1cm보다 작은 우주 쓰레기가 지금 1억 3,000만 개쯤 된다고 사람들은 추정하고 있어요. 우주 쓰레기는 대부분 지구 **대기**와 만나면 불타서 없어져요. 그러나 스테인리스와 같은 **재질**은 뜨거운 온도를 견디기 때문에 **지상**까지 올 수 있고 또 파편의 크기가 작으면 속도가 더 빨라져 총알의 10배 속도로 우주에서 떨어질 수가 있어요.

사람이 파편에 맞을 확률은 매우 낮지만

실제로 1997년 미국 오클라호마시티에서 15cm 크기의 우주 쓰레기를 어깨에

맞은 사람도 있어요. 한국에서는 23년 1월에 우주 쓰레기가 한국 지상으로 떨어질 수도 있으니 주의하라는 경보가 **발령**되기도 했어요. 다행히 한국에 우주 쓰레기가 떨어지지는 않았지만, 만약 우주 쓰레기의 파편이 떨어졌을 때 함부로 만지면 위험할 수도 있어요. 오염이 되었을 수도 있기 때문이에요. 인공위성이 많아지면서 우주 쓰레기도 점차 늘어가고 있어요. 인공위성은 15~20년이 지나면 수명을 다해요. 이미 지구 주위가 우주 쓰레기로 가득 차 있어 앞으로 인공위성을 쏘아 올릴 수도 없다는 **예측**도 나오고 있어요.

정리하기

◎ 다음 빈칸을 채우세요
  고장 나거나 수명이 다 돼 쓸모없어진 위성을 ☐☐☐ 라고 해요.

◎ 맞으면 O, 틀리면 X 하세요.
  1. 우주 쓰레기는 대부분 지구로 떨어지기 때문에 아주 위험해요. ☐
  2. 우주 쓰레기의 파편은 오염됐을 수도 있기 때문에 함부로 만지면 안 돼요. ☐
  3. 우주 쓰레기는 아주 작기 때문에 많아져도 특별한 문제는 없어요. ☐

◎ 신문 어휘 풀이
  · **추정**: 미루어 생각하여 판단하고 결정함
  · **수명**: 물건이 사용될 수 있는 기한
  · **잔해물**: 부서지거나 못 쓰게 되어 남아 있는 물체
  · **파편**: 깨어지거나 부서진 조각
  · **대기**: 지구를 둘러싸고 있는 기체
  · **재질**: 재료가 가지는 성질
  · **지상**: 땅의 위
  · **발령**: 급한 상황에 대해 주의하도록 발표함
  · **예측**: 미리 헤아려 짐작함

토론하기

Q. 우주 쓰레기가 뭐예요? 우주 쓰레기가 많아지면 어떤 문제가 발생할까요?

78

희귀해서 희토류라 부르지요

배경 지식

- **희토류**: 희토류는 전기 자동차, 풍력 발전, 태양열 발전 등에 사용되는 영구자석을 만드는 데 반드시 필요한 물질이에요. 안정적이고 열과 전기가 잘 통하는 특징을 가진 희토류는 구하기가 매우 어려워서 '희토류'라고 이름을 지었어요.

신문 읽기

스웨덴 북부지방에서 **대량**의 **희토류**가 발견되었어요. 그동안 중국산 희토류에만 의존했던 유럽은 이번 소식을 크게 반기고 있어요.

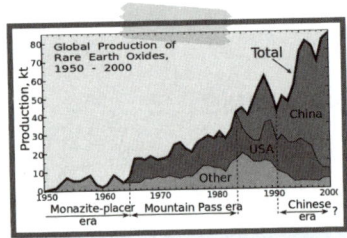
사진 설명: 세계 희토류 산출량

중국에서만 생산됐던 희토류가
얼마나 강력한 힘을 지녔냐 하면요…

2010년 9월 7일, 중국과 일본 어선이 충돌하는 사건이 벌어졌어요. 이 사건으로 일본은 중국 선원을 감옥에 가두었는데요, 이에 화가 난 중국은 일본에 희토류를 수출하지 않겠다고 했어요. 중국의 이와 같은 희토류 수출 **중단** 조치에 일본은 체포했던 중국 선원을 곧바로 풀어 주겠다며 **백기를 들었어요**. 일본은 중국에서 희토류를 가장 많이 수입해 쓰는 나라였고, 희토류는 없어서는 안 될 중요한 **자원**이었기 때문이에요.

중동에 석유가 있다면 중국에는 희토류가 있다고 할 만큼

희토류는 매우 중요한 자원이에요. 중국이 세계 생산량의 70% 이상을 차지하고 있어요. 전기차 생산과 스마트폰과 컴퓨터 화면, 망원렌즈 등에도 활용되는 희토류는 없어서는 안 될 귀중한 자원이기 때문에, 전 세계가 중국의 **의존할** 수밖에 없었어요. 그런데 이러한 희토류가 스웨덴 북부 지방에서 대량 발견되었어요. 세계에서 가장 큰 희토류 **매장지**가 될 거라는데요, 스웨덴에서의

희토류 발견은 중국 의존도를 낮추려는 유럽에서는 **희소식**이 될 것으로 보여요. 그동안 유럽에서 발견된 희토류의 매장 규모는 전 세계 1%밖에 안 됐는데, 유럽 최대 매장지가 발견됨으로써 환경오염을 시키지 않는 **청정**에너지 사용이 늘 것으로 기대돼요.

정리하기

◎ 다음 빈칸을 채우세요

□□□는 전기 자동차, 풍력 발전, 태양열 발전 등에 사용되는 영구자석을 만드는 데 반드시 필요한 물질로 구하기가 매우 어려워요.

◎ 맞으면 O, 틀리면 X 하세요.
1. 그동안 중국이 전 세계 희토류 생산량의 1%를 차지했어요. □
2. 희토류는 전기차 생산과 스마트폰과 컴퓨터 화면, 망원렌즈 등에 활용돼요. □
3. 스웨덴에서 희토류가 발견되어 중국에만 의존할 필요가 없어질 거예요. □

◎ 신문 어휘 풀이
- 대량: 아주 많은 분량이나 수량
- 중단: 중간에서 끊어지거나 끊음
- 조치: 상황을 잘 살펴서 필요한 대책을 세워 행함. 또는 그 대책
- 백기를 들다: 상대편의 힘에 눌려서 자신의 뜻을 굽히고 남의 뜻에 따르다
- 자원: 사람이 생활하거나 경제적인 생산을 하는 데 이용되는 재료
- 의존하다: 어떠한 일을 자신의 힘으로 하지 못하고 다른 것의 도움을 받아 의지하다
- 매장지: 지하자원 등이 땅속에 묻히어 있는 곳
- 희소식: 기쁜 소식
- 청정: 맑고 깨끗함

토론하기

Q. 스웨덴에서 희토류가 발견되었는데요, 유럽에서는 왜 그 소식에 기뻐했어요?

79

챗GPT, 너 대체 얼마나 똑똑한 거야?

배경 지식

- **챗GPT**: 인공지능 연구재단 오픈에이아이(OpenAI, openai.com)가 개발한 대화 전문 인공지능 챗봇이에요. 챗은 채팅의 줄임말이에요. 방대한 데이터 처리 능력을 갖춘 챗GPT는 사용자가 대화창에 텍스트를 입력하면 그에 맞춰 답변을 만들어 내요. 질문에 대한 답변뿐만 아니라 이메일, 에세이, 노래 작사·작곡, 코딩 작업 등 광범위한 분야에서 활약할 수 있어요.

신문 읽기

2022년 12월 1일에 **챗GPT**가 공개된 이후로 챗GPT는 **연일** 화제가 되고 있어요. 챗GPT의 능력은 어디까지일까요? 챗GPT가 못하는 것은 무엇일까요?

사진 설명: 챗GPT

각종 시험에까지 합격해 버리는 챗GPT

챗GPT는 시험도 잘 볼까요? 이와 관련해 미국에서 여러 실험을 진행했는데요, 챗GPT가 로스쿨, 경영대학원과 의사 시험을 통과할 수 있다는 결과가 나오고 있어요. 시험 문제 풀이뿐만 아니라 논문 작성도 척척 해내서 합격 점수를 받았다고 해요. 챗GPT는 소설이나 시나리오도 그럴싸하게 써 내는 능력을 보여 줬어요. 심지어 챗GPT가 쓴 책이 한국에서 **출간되기도** 했는데요, **집필**에서 출간까지 고작 7일밖에 걸리지 않았다고 해요.

챗GPT, 이대로 써도 괜찮을까요?

방대한 데이터를 기반으로 각종 시험에도 합격해 버리고 사람만이 할 수 있었던 창작 활동까지 빠른 속도로 해내 버리는 챗GPT. 아무런 문제는 없을지 걱정이 앞서는데요, 이에 몇몇 미국 공립 학교에서는 챗GPT를 활용한 학생들의 **부정행위**를 막기 위해 학교 내에서 챗GPT 사용을 금지하기 시작했어요. 이와 더불어 챗GPT를 사용해서 쓴 글인지 아닌지를 **탐지해** 내는 프로그램 개발도 한창 진행되고 있어요. 챗GPT의 능력이 마치 끝없어 보이지만, 챗GPT는 이전에 학습한 정보만을 토대로 결과물을 내기 때문에 앞으로 어떤 일이 있을지 전망하지 못하고 잘못된 대답을 하는 경우도 많아요. 또한 논리력이 떨어지기 때문에 사람의 역할을 완벽하게 대신할 수 없다고 해요.

정리하기

◎ 다음 빈칸을 채우세요

☐☐☐☐ 는 빅데이터를 기반으로 사람이 요구하는 각종 질문에 대답을 할 수 있어요.

◎ 맞으면 O, 틀리면 X 하세요.

1. 챗GPT는 각종 시험에는 합격했지만 이야기를 만들어 낼 수는 없어요. ☐
2. 미국 몇몇 학교에서는 학생들의 부정행위를 막기 위해 챗GPT 사용을 금지했어요. ☐
3. 챗GPT는 논리력을 바탕으로 전망을 잘해, 사람의 능력을 뛰어넘을 거예요. ☐

◎ 신문 어휘 풀이

- **연일**: 여러 날을 계속함
- **출간되다**: 서적이나 회화 따위가 인쇄되어 세상에 내놓아지다
- **집필하다**: 직접 글을 쓰다
- **방대하다**: 규모나 양이 매우 크거나 많다
- **부정행위**: 올바르지 못한 행위
- **탐지하다**: 드러나지 않은 사실이나 물건 따위를 더듬어 찾아 알아내다

토론하기

Q. 챗GPT의 장점과 단점에 대해서 이야기해 보세요.

05

환경

80 스위스 빙하가 녹고 있어요
81 아마존 우림을 지켜 주세요
82 마음껏 먹을 수 없게 된다면?
83 우리 몸속에 플라스틱이 들어 있다고요?
84 우리가 지켜야 할 마지막 온도, 1.5도의 비밀
85 페트병으로 만든 옷 입어 본 사람, 손!
86 크리스마스트리 멸종 사건
87 산호초를 지키세요 vs 우리가 알아서 할게요
88 추위도 너무 추운 겨울왕국이 찾아온 이유는
89 아프리카 열대우림에서 사는 뱀이 제주도에 나타났어요

90 동물들의 속마음을 아시나요?
91 미역은 든든한 지구 수호대
92 소금호수가 사라지고 있어요
93 지금, 오존층은 건강 회복 중
94 선인장이 알프스를 찾아온 까닭은
95 조용한 팬데믹, 슈퍼버그가 밀려온다
96 해운대가 사라질지도 모른다니 이게 무슨 말이죠?
97 실내는 공기오염으로부터 안전할 거라는 착각
98 쓰고 버린 마스크가 위험하다!
99 그녀의 이름은 그레타 툰베리
100 밤이 밤다울 수 있도록 어둠을 지켜 주세요

80 스위스 빙하가 녹고 있어요

배경 지식

- **빙하**: 수백에서 수천 년 동안 쌓인 눈이 얼음덩어리로 변하여 그 자체의 무게로 압력을 받아 이동하는 현상 또는 그 얼음덩어리를 빙하라고 말해요.

신문 읽기

사진 설명: 빙하

스위스 **빙하**가 녹아내리고 있어요. 지난 85년 동안 스위스 빙하의 반 정도가 없어졌어요.

<u>서울 여의도 30배 정도 크기의 빙하가 사라졌어요</u>

연구자들은 옛날과 현재의 빙하 사진을 비교해 봤는데요, 10년마다 서울 여의도 30배 정도 크기의 빙하가 사라졌다는 것을 알게 됐어요. 빙하는 **기후변화**를 보여 주는 큰 온도계와 같다고 해요. 특히 2016년 이후 현재까지 6년 동안에만 12%의 빙하가 더 줄었어요. 지난겨울 눈이 거의 내리지 않은 데다가 2022년 여름의 심한 더위 때문에 스위스 빙하가 녹는 속도가 더 빨라졌어요. 빙하가 빠른 속도로 녹으면 환경에 나쁜 영향을 줄 뿐만 아니라, 주변 자연 모습도 변해서 관광하러 오는 사람도 줄어들 거예요.

<u>앞으로 세계 각국이 환경오염을 줄여 나가도 빙하 절반이 녹을 거래요</u>

인류가 **탄소 배출량**을 줄이고 지구 온도 상승을 1.5도 정도로 제한한다고 해도 이번 세기말까지 빙하의 절반이 녹을 것이라는 **비관적인** 연구 결과가 발표

됐어요. 21만 5,000개의 빙하를 분석한 결과, 지금부터 적극적으로 환경을 지켜나가도 2100년까지 전 세계 빙하의 49%가 사라진대요. 지구 평균 기온이 2.7도까지 오르면 전 세계 빙하의 68%가 사라지고 유럽 중부, 캐나다 서부, 미국의 빙하가 모두 녹을 거라고 전망해요.

정리하기

◎ 다음 빈칸을 채우세요

스위스 ☐☐ 가 빠르게 녹고 있어요.

◎ 맞으면 O, 틀리면 X 하세요.

1. 스위스 빙하가 녹아서 85년 전보다 절반 정도 줄어들었어요. ☐
2. 빙하는 기후변화를 알려 주는 온도계와 같아요. ☐
3. 환경오염을 줄이면 빙하가 더 이상 녹지 않는다고 해요. ☐

◎ 신문 어휘 풀이

- 기후변화: 일정 지역에서 오랜 시간 동안 진행된 날씨 변화
- 탄소 배출량: 공기 중으로 나오는 이산화탄소의 양
- 제한하다: 일정한 한도를 정하거나 그 한도를 넘지 못하게 막다
- 세기: 백 년을 단위로 하는 기간
- 비관적: 앞으로의 일이 잘 안될 것이라고 절망적으로 보는 것
- 전망하다: 앞날을 미리 생각해 보다

토론하기

Q. 빙하가 빠르게 녹아 버리면 무슨 문제가 발생할까요?

81

아마존 우림을 지켜 주세요

배경 지식

- **아마존 우림**: 남아메리카의 아마존강에 있는 숲이에요. 아마존강은 세계에서 가장 긴 강이에요. 아마존 우림은 지구 열대우림의 반 이상을 차지하며 지구 산소의 20% 이상을 만들어요. 그래서 지구의 허파라고 불러요. 그리고 지구 동식물 중 10% 이상이 아마존 우림에 살아요. 재규어, 아나콘다, 나무늘보, 카피바라, 악어, 피라냐, 마코앵무새 등이 살아요.

신문 읽기

'지구의 허파'인 아마존 지역에 있는 남미 9개국 원주민 단체가 **아마존 우림**을 지켜 달라고 국제사회에 목소리를 내고 있어요.

아마존에는 지금 무슨 일이 일어나고 있는 거죠?

사진 설명: 아마존 우림

아마존은 지금 걷잡을 수 없이 오염되어 이곳저곳이 파괴되고 있어요. 브라질 지역의 아마존은 2020년 8월부터 2021년 7월까지 1만 3천여 km²의 열대우림이 사라졌어요. 아마존 일대에서 석유가 나는 곳을 개발하고 나무를 베어내며 대규모로 작물과 가축을 키우는 것으로 인해 심하게 오염되고 있는 거예요.

한국의 63배 크기인 아마존의 환경오염, 이대로 괜찮은 건지

지난 한 해 동안 하루에 거의 축구장 3000개 크기의 아마존 열대우림이 파괴되었다고 해요. 이는 각종 개발로 오염이 계속되는 데다 화재까지 계속 발생했기 때문이에요. 브라질에는 2022년 8월 한 달 동안에만 3만 3천116건의 화재가 발생했어요. 이 화재는 **상당수**의 아마존 나무들이 베어져서인데요, 이는 브라질 전 대통령이 아마존 지역 개발을 목적으로 대규모 **벌채**를 **허용했기** 때문이죠. 그러나 다행히 2023년 취임한 룰라 대통령은 아마존 보호를 위해 애쓰겠다고 밝혔어요. 그는 2030년까지 아마존 **삼림** 벌채를 '0'으로 만들겠다고 약속했어요. 이와 더불어 여러 환경 단체에서도 전 세계적으로 아마존을 지키는 데 함께하자고 주장하고 있으며 아마존 환경보호를 더 이상 미루어서는 안 된다고 말하고 있어요.

정리하기

◎ 다음 빈칸을 채우세요.

　아마존 ☐☐☐ 이 오염되고 파괴되고 있어요.

◎ 맞으면 O, 틀리면 X 하세요.

1. 지난해 브라질 열대우림에는 화재가 아주 많이 발생했어요. ☐
2. 지난 한 해 동안 매일 축구장 한 개 크기의 열대우림이 파괴되었어요. ☐
3. 전 브라질 대통령은 지역 개발을 위해 나무를 베는 것을 허락했어요. ☐

◎ 신문 어휘 풀이

- **작물**: 논밭에 심어 가꾸는 곡식이나 채소
- **화재**: 불이 나는 일. 또는 불로 인한 재난
- **상당수**: 많은 수
- **벌채**: 나무를 베어 내거나 섶을 깎아 냄
- **허용하다**: 문제 삼지 않고 허락하여 받아들이다
- **삼림**: 나무가 많이 우거진 숲

토론하기

Q. 아마존 우림을 지킬 수 있는 방법에는 무엇이 있을까요?

82

마음껏 먹을 수 없게 된다면?

배경 지식

- **세계 식량의 날(10월 16일)**: 매년 10월 16일은 세계 식량의 날(World Food Day)이에요. 2022년은 전 세계적으로 식량 위기가 심해진 해였어요. 세계 식량의 날을 맞아 식량 문제에 대해서 함께 생각해 볼까요?

신문 읽기

매년 10월 16일은 **세계 식량의 날**이에요. 만약 먹을 것이 없어 굶어야 한다면 어떨까요? 상상해 본 적도 없는 일이 우리에게 일어날지도 모른다고 해요.

사진 설명: 식량

밥도, 빵도, 과자도 매일 배불리 먹으며 살아가고 있는데, 이게 무슨 말일까요?

식량 위기가 점점 심해지고 있어요

식량 위기란, 먹을 것이 부족해져서 생긴 위험한 상황을 말해요. 식량 위기의 원인으로는 먼저 환경오염 때문에 생긴 **기후변화**를 들 수 있어요. 보통 기온이 1도씩 높아질 때마다 식량 **생산량**이 3~7% 적어진대요. 해마다 산불이 자주 나서 **곡식** 생산량이 많이 줄었어요.

러시아 우크라이나 전쟁도 식량 위기에 한몫 했다는데

러시아와 우크라이나의 전쟁도 식량 위기의 원인이 됐어요. 우크라이나의 별명은 '유럽의 빵 바구니'였어요. 빵의 재료인 밀을 많이 만드는 나라였거든요. 그런데 러시아 때문에 우크라이나가 밀을 못 만들게 되면서 곡물 가격이 많이 올랐어요.

전 세계적으로 3억 4천500만 명의 사람들, 그리고 이 중에 약 5천만 명의 어린이들이 먹을 것이 없어서 고통받고 있어요. 식량 위기 문제는 이 사람들만의 문제가 아니에요. 전 세계적으로 식량 가격이 30% 이상 올랐고, 앞으로도 가격이 더 올라서 지금보다 훨씬 더 많은 사람들이 제대로 못 먹게 될지도 몰라요.

정리하기

◎ 다음 빈칸을 채우세요

☐☐☐☐ 란, 먹을 것이 부족해져서 생긴 위험한 상황을 말해요.

◎ 맞으면 O, 틀리면 X 하세요.

1. 날씨가 더워질수록 곡식 생산량이 줄어들어요. ☐
2. 우크라이나에서 밀을 많이 못 만들어서 곡식 가격이 낮아졌어요. ☐
3. 식량 가격이 올라서 많은 사람들이 음식을 못 먹게 될 수도 있어요. ☐

◎ 신문 어휘 풀이

- **식량**: 사람이 살아가는 데 필요한 먹을거리
- **위기**: 위험한 시기, 상황
- **생산량**: 만들어 내는 것의 양
- **곡식**: 쌀, 보리, 밀, 옥수수 등의 먹거리
- **밀**: 빵, 과자, 국수를 만드는 식물

토론하기

Q1. 식량 위기가 점점 심해지고 있는 이유는 뭐예요?

Q2. 식량 위기를 극복할 수 있는 방법에 대해서 (부모님과) 토론해 보세요.

83 우리 몸속에 플라스틱이 들어 있다고요?

배경 지식

- **미세플라스틱**: 보통 5mm보다 작은 플라스틱을 미세플라스틱이라고 불러요. '미세'는 눈으로 보이지 않을 만큼 작다는 뜻이에요. 미세플라스틱은 크게 2가지로 나뉘어요. 1차 미세플라스틱은 물건을 만들 때 들어가게 되는 것이고요, 2차 미세플라스틱은 버려진 플라스틱이 햇빛, 바람, 파도 등에 의해 부서지면서 만들어지는 것이에요.

신문 읽기

우리가 매일 사용하는 플라스틱에는 무엇이 있을까요? 종이컵, 일회용 그릇, 비닐봉지, 옷 등 셀 수 없이 많아요. 우리는 이렇게 매일 플라스틱을 쓰고 사용한 후에는 환경을 위해 분리수거도 열심히 하지요.

사진 설명: 플라스틱

분리수거, 열심히 했으면 괜찮은 거 아니에요?

그런데 환경 단체 그린피스는 미국에서 사용되는 플라스틱 중 5%만이 재활용된다고 밝혔어요. 즉, 95%의 플라스틱은 땅에 매립되거나 혹은 그대로 버려지는 거예요. 버려진 플라스틱은 바람, 햇빛, 파도에 부서지면서 미세한 플라스틱이 돼요. 미세플라스틱은 바람을 타고 다니다가 에베레스트 꼭대기에서 나타나기도 하고, 오염되지 않았다고 생각되는 남극과 같은 곳에서도 발견돼요. 또는 바다로 흘러 들어가 물고기들의 몸속에서도 나왔지요.

사람이 플라스틱을 먹게 된다고요?

한 연구에 따르면 한 사람이 일주일간 먹게 되는 미세플라스틱은 약 2,000

개라고 해요. 미세플라스틱이 몸속에 쌓인 생선을 먹을 때도, 숨을 쉴 때도 우리 몸속으로 미세플라스틱이 들어오게 되는 거예요. 무게로는 신용카드 한 장 무게인 5g에 해당되고요. 재활용도 되지 않는 플라스틱, 우리 몸에 점차 쌓여 가는 미세플라스틱, 우리는 어떻게 해야 할까요?

정리하기

◎ 다음 빈칸을 채우세요

☐☐☐☐☐ 은 눈에 보이지 않을 만큼 아주 작은 플라스틱이에요.

◎ 맞으면 O, 틀리면 X 하세요.

1. 플라스틱의 95%가 재활용되고 있어요. ☐
2. 에베레스트산이나 남극에서도 미세플라스틱이 발견되었어요. ☐
3. 사람들은 하루 동안 신용카드 무게만큼의 미세플라스틱을 먹어요. ☐

◎ 신문 어휘 풀이

- 분리수거: 종류별로 나누어서 버린 쓰레기를 가져감
- 재활용: 못 쓰게 돼서 버리게 된 물건을 바꾸거나 다시 만들어 씀
- 매립되다: 모아서 파묻어지다
- 미세하다: 구별해서 알기 어려울 정도로 작다
- 해당되다: 어떤 범위나 조건에 맞게 되다

토론하기

Q. 우리 몸에 쌓여가는 미세플라스틱 문제를 어떻게 해결할 수 있을까요? 그 방법에 대해서 이야기 나눠 보세요.

84

우리가 지켜야 할 마지막 온도, 1.5도의 비밀

배경 지식

- **기후변화**: 기후변화는 지구의 평균 기온이 변하는 현상이에요. 기후변화의 원인으로 가장 대표적인 것이 지구온난화예요.
- **지구온난화**: 지구온난화는 지구의 평균 기온이 올라가는 현상을 말해요. 석탄·석유·천연가스와 같은 화석연료를 사용할 때 나오는 이산화탄소가 공기 중에 머무르면서 유리온실처럼 지구의 온도를 높이는데, 이것을 지구온난화라고 해요.

신문 읽기

지금부터 이야기는 영화 속 이야기가 아니에요. 2022년, 세계 각국이 겪은 일이죠. 파키스탄에서는 대홍수로 나라의 3분의 1이 물에 잠겼고요, 유럽은 500년 만에 최악의 가뭄을 맞았어요. 우리나라도 115년 만의 폭우로 강남 일대가 물에 잠겼어요.

사진 설명: 홍수

이 모든 것은 기후변화 때문이에요

27차 유엔기후변화협약 회의에서 유엔 사무총장은 "우리는 가속 페달을 밟으면서 기후 지옥으로 향하는 고속도로를 달리고 있습니다."라고 말했어요. 이산화탄소 **배출량**이 증가하고 지구 온도도 계속 높아지고 있으며, 현재 기후 위기는 돌이킬 수 없는 상태가 되어가고 있다고 강조했어요.

1.5도를 지켜야 지구가 살아요

지구온난화로 지금까지 지구의 온도는 계속 **상승했어요**. 지구 온도가 1.5도 이상 오르면 우리는 **폭염**, **폭우**, 가뭄, 홍수, 바다 생물의 변화, **해수면** 상승 등의 여러 문제로 지구에서 살아가기 어려워질 거예요. 1.5도는 지구에서 우리가 살아가기 위해 지켜야 할 마지막 온도예요. 지구 온도를 1.5도 이상 높이지 않으려면 자동차 회사들이 2030년 전에 휘발유를 쓰는 자동차 **생산**을 멈춰야 한다는 연구 결과도 있어요. 이제, 더 이상 머뭇거릴 수 없어요. 하루빨리 전 세계가 지구온난화를 막는 데 함께 힘을 써야 해요.

정리하기

◎ 다음 빈칸을 채우세요

□□□□□ 는 지구의 평균 온도가 높아지는 현상을 말해요.

◎ 맞으면 O, 틀리면 X 하세요.

1. 파키스탄에서는 홍수로 나라의 3분의 1이 잠겼어요. □
2. 유엔사무총장은 기후 위기는 크게 걱정하지 않아도 될 수준이라고 했어요. □
3. 1.5도는 지구에서 인간이 살아가기 위해 지켜야 할 마지막 온도예요. □

◎ 신문 어휘 풀이

- 배출량: 안에서 만들어진 것이 밖으로 밀려 내보내지는 양
- 상승하다: 낮은 데서 위로 올라가다
- 폭염: 매우 심한 더위
- 폭우: 갑자기 세차게 쏟아지는 비
- 해수면: 바닷물의 표면
- 생산: 사람이 생활하는 데 필요한 각종 물건을 만들어 냄

토론하기

Q. 지구 온도를 1.5도 이상 높이지 않기 위해서 우리는 어떤 노력을 할 수 있을까요?

85 페트병으로 만든 옷 입어 본 사람, 손!

배경 지식

- **패스트패션**: 주문하면 바로 먹을 수 있는 음식인 패스트푸드처럼 최신 유행 옷을 저렴한 가격에 빠르게 만드는 것을 말해요.
- **재활용**: 쓰레기를 다시 쓸 수 있게 바꾸는 과정을 말해요.

신문 읽기

저렴한 가격으로 최신 유행 옷을 빨리 사 입을 수 있는 패스트패션이 요즘 환경오염의 주범이 되어 따가운 눈총을 받고 있어요.

사진 설명: 패트병

옷을 만들기만 해도 환경오염이 된다고요?

옷감을 만드는 데 필요한 식물을 키우기 위해서 많은 양의 살충제를 쓰고요, 티셔츠 한 장을 만드는 데 2,700L의 물을 사용해요. 옷감을 염색할 때도 물을 오염시켜요. 그런데 패스트패션 옷들은 한 계절만 입고 버려진대요. 이들 중 중고로 되팔리는 경우는 12%밖에 되지 않아요. 나머지는 모두 소각되는데, 이때 나오는 탄소도 환경을 크게 오염시켜요.

그래서 페트병을 재활용해 옷을 만들기 시작했어요

버려진 페트병을 잘게 부순 후 씻어서 작은 공 모양으로 바꿔요. 여기서 실을 뽑아내어 옷을 만들죠. 보통 티셔츠 한 장에 2L 패트병 5개가 사용된다고 해요. 페트병이 이렇게 재활용되는 것은 의미 있는 일이지만 생각해 볼 문제가 있어요. 페트병이 옷으로 한번 만들어지면, 앞으로 다시는 재활용될 수 없다고 해요. 재활용된 옷이라고 해도 한두 번 입고 버리는 것은 환경보호에 큰 도움이 되지 않는다는 말이죠. 이제 우리는 무엇을 해야 할까요? 한 번 산 옷을 오래 아껴 입고 또 중고로 되팔거나 사 입는 습관을 들여 보는 것은 어떨까요?

정리하기

◎ 다음 빈칸을 채우세요

☐☐☐ 을 재활용해서 옷을 만들 수 있어요.

◎ 맞으면 O, 틀리면 X 하세요.
1. 옷을 만들 때도, 옷을 버릴 때도 환경오염을 시켜요. ☐
2. 페트병을 옷으로 만든 뒤에도 또 다른 것으로 재활용할 수 있어요. ☐
3. 옷을 중고로 되팔거나 사 입는 것도 환경보호에 도움이 되어요. ☐

◎ 신문 어휘 풀이
- 주범: 어떤 일에 대해 좋지 않은 결과를 내는 주요 원인
- 눈총을 받다: 남의 미움을 받다
- 살충제: 사람과 가축, 농작물에 해가 되는 벌레를 죽이거나 없애는 약
- 소각: 불에 태워 없애 버림

토론하기

Q1. 패스트패션이 왜 문제가 되는지 이야기해 보세요.

Q2. 옷으로 인한 환경오염을 줄이기 위해서 우리는 어떤 행동을 할 수 있을까요?

86

크리스마스트리 멸종 사건

배경 지식

- **멸종위기**: 생물의 한 종류가 없어질 위험한 고비를 말해요.
- **생물다양성**: 생물다양성은 생태계가 유지되기 위한 생물의 종류, 생물의 유전자 등의 다양성을 모두 이르는 말이에요. 생태계가 유지되어야 사람들이 살아갈 수 있기 때문에 생물다양성은 우리 인간에게 아주 중요해요.

신문 읽기

크리스마스트리로 많은 사랑을 받고 있는 나무가 사실 한국에서 사는 구상나무라는 것을 알고 계셨나요? 그런데 현재 이 나무가 **멸종위기**에 처했다고 해요.

이대로라면 트리 나무가 영영 사라질지도 몰라요

사진 설명: 구상나무

100여 년 전 영국의 한 식물학자가 한국에 사는 구상나무를 세상에 소개한 이후, 구상나무는 전 세계로 이름을 날리며 크리스마스트리로 사랑받아 왔어요. 구상나무는 지리산과 한라산, 덕유산, 설악산 등지에서 살고 있어요. 구상나무의 **종자**가 해외로 수출될 정도로 인기를 끌고 있는데요, 이 구상나무가 최근 몇 년 사이 죽어 가고 있다고 해요.

기후변화 때문에 구상나무가 죽어 간다는데…

구상나무가 잘 자라려면 일 년 내 **강수량**이 일정해야 해요. 그런데 최근 갑작스러운 기후변화로 겨울철의 강수량이 줄면서 구상나무가 죽어 가고 있어요. 최근 이상 기후로 기온이 올라가는 바람에 잎에 있는 **수분**이 다 날아가서 나무가 마실 물이 다 말라 버린 거죠. 구상나무처럼 사라지려고 하는, 혹은 이미 **멸**

종된 동식물이 늘어나고 있어요. 지난 50년 동안 기후변화로 인해 야생동물의 종류가 3분의 1 정도로 줄었고, **생물** 800만 종 중에서 100만 종 이상이 멸종위기에 내몰렸어요. **생물다양성**이 지켜지지 않으면 우리의 삶도 위협을 받을 수밖에 없어요. 생물다양성을 지켜야 우리 모두 행복하게 살아갈 수 있기 때문이에요.

정리하기

◎ 다음 빈칸을 채우세요

　구상나무가 ☐☐☐ 에 처했어요.

◎ 맞으면 O, 틀리면 X 하세요.

1. 구상나무는 크리스마스트리를 위해 외국에서 가져온 나무예요. ☐
2. 구상나무가 잘 자라기 위해서는 일 년 동안 내리는 비의 양이 항상 비슷해야 해요. ☐
3. 기후변화로 많은 동식물들이 멸종위기에 내몰렸어요. ☐

◎ 신문 어휘 풀이

- **생물**: 생명을 가지고 살아가는 물체. 동물, 식물, 미생물로 나눈다
- **종자**: 식물에서 나온 씨 또는 씨앗
- **강수량**: 비, 눈, 우박 따위로 일정 기간 일정한 곳에 내린 물의 총량
- **일정하다**: 어느 정도 정해져 있는 양으로, 한결같다
- **수분**: 물건이나 물질에 들어 있는 물
- **멸종되다**: 생물의 한 종류가 아주 없어지다

토론하기

Q1. 멸종위기에 처한 동식물들이 늘어 가는 이유가 뭐예요?

Q2. 멸종위기에 처한 동식물들을 지켜야 하는 이유는 무엇일까요?

87

산호초를 지키세요 VS 우리가 알아서 할게요

배경 지식

- **유네스코**: 전 세계의 교육, 과학, 문화를 널리 알리기 위해 만들어진 유엔 기구예요. 유네스코가 하는 일 중 가장 유명한 것은 역시 세계유산을 정하는 일이에요. 세계유산은 세계문화유산과 세계자연유산, 이 둘의 특징을 동시에 가진 복합유산으로 구분되어요.

신문 읽기

사진 설명: 산호초

유네스코와 호주가 태평양의 '그레이트 배리어 산호초'의 보호를 놓고 논쟁을 벌이고 있어요.

유네스코, "산호초 위기, 이대로는 안 돼요, 안 됩니다."

그레이트 배리어 산호초는 호주 동북쪽 바다에 있는 세계에서 가장 큰 규모의 산호 생태계 지역이에요. 400여 종의 산호와 물고기 1,500여 종이 살고 있는 이곳은 1981년부터 세계유산으로 등재되어 보호받고 있어요. 그런데 유네스코는 2022년 3월, 이곳을 '위험에 빠진 세계유산'으로 정해야 한다고 충고했어요. 이곳이 기후 변화와 해안선의 개발, 수질 악화 등으로 엄청난 위기에 처해 있기 때문이었죠.

호주 정부, "우리가 알아서 할게. 우리도 산호초 좋아하거든?"

호주의 환경부 장관은 호주사람들은 누구보다도 산호초를 사랑하며, 호주 정부는 산호초 보호를 위해 1조 원을 투자하는 등 최선의 노력을 기울이고 있다면서 유네스코의 '위험에 빠진 세계유산' 지정에 강하게 반발했어요. 이 지역은 아름다운 산호를 보러 찾아온 관광객들로부터 한 해에 5조 2천억 원을 벌어들여요. 그런데 만약 이곳이 위험에 놓인 세계유산으로 지정되면 보호 조치가 강해져 관광을 할 수 없어요. 그렇다면 호주 관광업은 타격을 입을 수밖에 없겠지요. 유네스코는 경제를 생각하는 호주의 입장을 이해하지만, 호주가 자연유산 보호에 앞장서는 나라가 되기를 바란다고 했어요.

정리하기

◎ 다음 빈칸을 채우세요

유네스코는 호주의 그레이트 배리어 ☐☐를 위험에 빠진 세계유산으로 정해야 한다고 했어요.

◎ 맞으면 O, 틀리면 X 하세요.

1. 호주의 그레이트 배리어 산호초는 1981년부터 세계유산으로 등재됐어요. ☐
2. 호주 정부는 산호초 보호가 필요없다고 생각해요. ☐
3. 위험에 놓인 세계유산으로 지정되면 호주 관광업은 타격을 받을 거예요. ☐

◎ 신문 어휘 풀이

- 논쟁: 생각이 다른 사람들이 자신의 생각이 옳다고 말이나 글로 다툼
- 생태계: 일정한 환경에서 여러 생물들이 서로 관계를 맺으며 살아가는 자연의 세계
- 등재: 이름이나 어떤 내용이 장부에 적혀 올려짐
- 수질: 온도, 맑고 흐림, 어떤 물질이나 세균이 포함된 양 등으로 결정되는 물의 성질
- 투자하다: 어떤 일이나 사업에 돈을 대거나 시간이나 정성을 쏟다
- 지정: 가리켜 분명하게 정함
- 반발하다: 어떤 상태나 행동 따위에 대하여 거스르고 반항하다
- 타격: 어떤 일에서 크게 사기를 꺾거나 손해를 줌

토론하기

Q. 여러분은 호주의 입장에 대해서 어떻게 생각해요? 호주의 입장에 찬성하는지, 반대하는지 선택하여 그 이유를 이야기해 보세요.

88

추워도 너무 추운 겨울왕국이 찾아온 이유는

배경 지식

✓ **제트기류**: 바다의 해류처럼 하늘에도 공기의 흐름이 있는데, 이런 공기 흐름을 제트기류라고 해요. 지구를 둘러싸고 있는 공기층의 가장 아래층인 대류권에 좁고 수평으로 부는 강한 공기의 흐름을 제트기류(Jet Stream)라고 해요.

신문 읽기

사진 설명: 폭설

기상 악화가 이어지면서 크리스마스 연휴 기간 내내 세계 곳곳이 **폭설**과 **한파**에 시달리고 있어요.

기록적인 한파와 폭설이 이어지고 있어요

미국에서는 크리스마스에 '폭탄 사이클론'으로 불리는 겨울 폭풍이 몰아쳤어요. 강한 눈과 한파가 겹치면서 미국 전체가 냉동고처럼 변했어요. 30분 만에 20도 넘게 뚝 떨어지면서 영하 50도가 되어버린 거예요. 도로가 막히고 5,000편 이상의 비행기가 **결항**되었어요. 또한 사람들도 많이 다치고 숨졌어요. 미국 기상청은 이번 추위가 한 세대에 한 번 있을까 말까 한 일이라고 했어요. 일본에서도 기록적인 눈이 내렸는데요, 홋카이도에는 153cm 이상의 눈이 내렸고 **제설** 작업을 하다가 사고를 당한 사람들도 많이 있어요.

기록적인 폭설과 한파의 원인은 다름 아닌 지구온난화

여러 나라에 들이닥친 혹한은 북극 주변을 돌고 있는 차가운 공기 덩어리인 '극소용돌이'가 내려왔기 때문이에요. 보통 이 극소용돌이는 제트기류에 갇혀서 내려오지 못해요. 하지만 지구온난화 때문에 제트기류가 약해져 차가운 공기 덩어리가 원래 다니던 길에서 떨어져 나가 아래로 내려온 거예요. 지구온난화라고 하면 지구를 뜨겁게만 하는 것이 아니었어요. 지구온난화가 오히려 한겨울의 추위를 더 강하게 만드는 것이죠.

정리하기

◎ 다음 빈칸을 채우세요.

　기록적인 한파와 폭설은 　　　　　　 때문이에요.

◎ 맞으면 O, 틀리면 X 하세요.

1. 강한 겨울 폭풍이 몰아치면서 미국 전체가 냉동고처럼 추워졌어요. ☐
2. 미국에서만 눈이 많이 내렸어요. ☐
3. 지구온난화로 제트기류가 약해져서 차가운 공기 덩어리가 아래로 내려왔어요. ☐

◎ 신문 어휘 풀이

- 기상 악화: 바람, 구름, 비, 더위, 추위 등이 심해지는 것
- 폭설: 갑자기 많이 내리는 눈
- 한파: 겨울철에 기온이 갑자기 많이 내려가는 현상
- 결항: 배나 비행기가 오고 가지 않는 것
- 제설: 쌓인 눈을 치우는 일
- 혹한: 몹시 심한 추위

토론하기

Q. 지구 온난화가 겨울에 어떤 영향을 미치는지 설명해 보세요.

89

아프리카 열대우림에서 사는 뱀이 제주도에 나타났어요

배경 지식

- **외래종**: 외래종은 외국으로부터 들어와서 본래 사는 곳을 벗어나 생존하게 된 생물을 말해요. 번식력이 강한 외래종이 들어오면 토종 생태계의 균형을 깨고 종의 다양성을 떨어뜨릴 수 있어요.
- **생태계 교란**: 외래종이 기존 생태계의 균형을 혼란하게 만드는 것을 말해요.

신문 읽기

사진 설명: 뱀

제주에서 지난 10년간 길거리나 수풀 등에서 다른 나라에서 온 외래종 동물들이 발견되고 있어요.

제주도에 외래 동물이 늘고 있어요

이는 취미로 외래 동물들을 데려와 기르다가 버리기 때문이에요. 지난 10년간 제주야생동물구조센터에서 구조한 외래 동물은 도마뱀과 같은 파충류 10종, 고슴도치나 꽃사슴과 같은 포유류 8종, 조류 5종 등 무려 23종에 이른다고 해요. 2017년에는 제주도의 한 건물 옆에서 악어가 발견돼 큰 소동이 벌어졌고요, 2020년 11월에는 아프리카 열대우림에 사는 뱀이 제주도에 나타났다고 해요. 이러한 외래 동물들은 사람들을 공격할 수도 있고, 한국의 생태계에도 나쁜 영향을 미칠 가능성이 커요.

외래종은 생태계를 교란시킬 위험이 있어요

우리나라는 생태계 균형을 **교란시킬** 위험이 있는 외래종을 법으로 관리하고 있어요. 흔히들 알고 있는 황소개구리가 대표적인 예예요. 이들 외래종을 그대로 **방치하면** 우리나라 **토종** 생태계를 파괴하고 위협할 거예요. 버려진 외래종 중 일부라도 환경에 적응하게 되면 우리 **고유종**의 피해가 일어날 수 있지만 현재는 관리가 제대로 되지 않고 있어요. 생태계는 한 번 교란되면 다시 돌이키는 데 많은 시간과 노력이 들어요. 생태계 교란을 막기 위해 체계적인 시스템을 갖추어야 하며 사람들도 외국에서 동물들을 몰래 들여오지 말아야 해요.

정리하기

◎ 다음 빈칸을 채우세요

외래종 동물들 때문에 토종 생태계가 파괴되는 것을 [ ][ ] 교란이라고 해요.

◎ 맞으면 O, 틀리면 X 하세요.

1. 해외에서 외래 동물들을 몰래 데려와 키우면 안 돼요. [ ]
2. 제주도에서 아프리카 열대우림에 사는 뱀이 제주도에 나타났어요. [ ]
3. 외래종이 우리나라에 들어와도 우리 토종 생태계는 파괴되지 않아요. [ ]

◎ 신문 어휘 풀이

- **교란시키다**: 어떤 체계의 질서나 사람의 마음을 뒤흔들어 어지럽게 함
- **방치하다**: 내버려 두다
- **토종**: 본래부터 그곳에서 나는 종자
- **고유종**: 어느 한 지역에만 있는, 특정한 생물의 종(種)

토론하기

Q. 외래 동물을 데려와 키우고 싶다는 친구에게 그것이 안 되는 이유에 대해 설명해 주세요.

90 동물들의 속마음을 아시나요?

배경 지식

- **동물원수족관법**: 동물원 및 수족관에 있는 야생생물 등을 보전·연구하고 그에 대한 올바른 정보를 사람들에게 제공하며, 생물다양성을 지키기 위한 법을 말해요.

신문 읽기

사진 설명: 수족관

동물원이나 수족관, 그리고 각종 야생동물 카페에서 동물들에게 먹이를 주거나 만지는 등의 행동들이 동물들에게 큰 고통이었다는 사실을 아시나요?

이제 새로운 동물원수족관법과 야생생물법이 생겼어요

지금까지 동물원이나 야생동물카페는 등록만 하면 누구나 열 수 있었어요. 즉, 동물에게 좋지 않은 환경이라도, 동물에 대해 잘 모르는 사람들이라도 등록만 하면 누구나 동물원을 운영할 수 있었던 것이죠. 그래서 동물원이나 수족관, 동물 카페 등이 여기저기 생겨났고 열악한 환경에서 동물들이 학대받는 일이 자주 일어났어요. 그러나 2023년부터는 우리나라에서 돌고래 올라타기, 동물 먹이 주기, 쓰다듬기 등의 행위가 모두 금지돼요. 동물들에게 정서적인 고통을 줄 수 있는 행위도 모두 막겠다는 것이죠. 이를 위해 정부와 국회는 동물들의 복지를 생각한 기준을 마련하고 동물원을 등록제가 아닌 허가제로 운영하기로 했어요.

다른 나라에서는 어떻게 하고 있는지

OECD 국가들은 이미 돌고래와 야생동물을 보고 만지는 등의 활동을 법으로 금지해 놓았어요. 영국은 정부 허가를 받고 면허를 가진 사람들만이 동물원을 운영할 수 있도록 했어요. 면허 역시 4년마다 다시 받아야 하며 동물원 감시 제도를 통해 동물들을 보호하고 있어요. 말 못하는 동물들이 그동안 사람들의 즐거움과 오락을 위해 얼마나 힘들었을까요? 법 시행과 더불어 동물 복지에 관한 사람들의 생각도 이제 달라져야 할 때예요.

정리하기

◎ 다음 빈칸을 채우세요

그동안 동물원이나 수족관, 동물 카페의 열악한 환경에서 동물이 ☐☐를 받는 일이 자주 일어났어요.

◎ 맞으면 O, 틀리면 X 하세요.

1. 지금까지는 동물에 대한 지식이 많지 않은 사람은 동물원을 운영할 수 없었어요. ☐
2. 동물에게 먹이를 주고 쓰다듬는 행위는 동물이 좋아하는 행동이에요. ☐
3. 영국은 면허를 한 번만 받으면 그다음에 계속 동물원을 운영할 수 있어요. ☐

◎ 신문 어휘 풀이

- 등록: 허가나 인정을 받기 위해 이름 등을 문서에 기록되게 하는 것
- 운영하다: 사업을 관리하고 이끌어 나가다
- 열악하다: 품질이나 능력, 시설 따위가 매우 떨어지고 나쁘다
- 학대: 정신적으로나 육체적으로 몹시 괴롭히고 못살게 굶
- 복지: 편안하고 행복하게 사는 삶
- 허가: 행동이나 일을 할 수 있게 허락함
- 면허: 특정 기술에 대해 국가에서 인정하는 자격
- 감시: 사람을 단속하거나 상황을 통제하기 위하여 주의 깊게 지켜봄

토론하기

Q. 돌고래 등에도 타 보고 동물들에게 먹이도 주고 만지고도 싶다는 동생에게 무슨 이야기를 해 줄 수 있을까요?

91

미역은 든든한 지구 수호대

배경 지식

- **탄소**: 숯이나 석탄의 주요한 구성 원소를 말해요.

신문 읽기

사진 설명: 미역

생일에 먹는 미역이 지구의 건강도 챙긴다는 사실, 혹시 알고 있었어요?

미역의 재발견

독일 해양 미생물학 연구소 연구팀은 미역과 다시마 등과 같은 갈조류가 이산화탄소를 흡수해서 끈적끈적한 점액 형태로 내뿜는다는 사실을 밝혔어요. 그 점액 속에 탄소가 오랫동안 갇혀 있는데요, 이 점액은 수백 년이 지나도 분해되지 않기 때문에 환경에 나쁜 탄소를 저장하는 저장소의 역할을 톡톡히 해내고 있는 것이죠. 갈조류가 1년간 빨아들이는 이산화탄소는 5억 5천만 톤(t)으로 독일이 한 해 배출하는 전체 온실가스인 7억 4천만 톤의 약 74퍼센트에 해당하는 양이에요. 다시마의 경우는 자라는 속도도 빠르고, 물 위를 떠다니다가 깊은 바다로 가라앉기 때문에 이산화탄소를 오랫동안 바다에 가둬 둘 수 있는 방법으로 주목받고 있어요.

갯벌도 지구 환경 보호에 큰 역할을 하고 있어요

미역과 더불어 갯벌과 플랑크톤도 지구의 건강을 지키는 수호대가 될 수 있다는 연구 결과가 나왔어요. 서울대 지구 환경 과학부 연구팀은 갯벌이 1년간

26만 톤의 이산화탄소를 흡수한다는 사실을 밝혀냈어요. 지구온난화가 진행됨에도 플랑크톤은 5% 정도 증가했는데요, 이는 플랑크톤이 흡수하는 이산화탄소량이 그만큼 많아졌다는 것을 말해요. 플랑크톤은 식물처럼 이산화탄소를 흡수해 산소를 만들어 내거든요.

정리하기

◎ 다음 빈칸을 채우세요

미역, 다시마와 같은 [　　] 는 탄소를 흡수해 점액 속에 저장해요.

◎ 맞으면 O, 틀리면 X 하세요.

1. 미역과 같은 갈조류가 이산화탄소를 흡수해 환경보호에 도움을 줘요. ☐
2. 독일에서 1년 동안 배출되는 이산화탄소의 절반을 갈조류가 흡수해요. ☐
3. 플랑크톤은 이산화탄소를 흡수해 산소를 만들어 내면서 환경을 지켜요. ☐

◎ 신문 어휘 풀이

- 재발견: 어떤 사실이나 가치를 다시 새롭게 발견하여 인정함
- 미생물학: 눈으로는 볼 수 없는 아주 작은 생물에 대해 연구하는 학문
- 갈조류: 녹갈색 또는 담갈색을 띠는 해조류
- 흡수하다: 빨아서 거두어들이다
- 점액: 끈끈한 성질이 있는 액체
- 분해되다: 여러 부분이 결합되어 이루어진 것이 그 낱낱으로 나뉘다
- 온실가스: 지구 대기를 오염시켜 온실효과를 일으키는 가스를 뜻하는 말
- 수호대: 지키고 보호함
- 증가하다: 수나 양이 더 늘어나거나 많아지다

토론하기

Q. 미역과 플랑크톤이 환경에 어떤 역할을 해요?

92 소금호수가 사라지고 있어요

배경 지식

- **소금호수**: 오랜 세월 동안 바다가 육지로, 육지가 바다로 변하는 과정이 수없이 반복되다가 빙하기 전에 미처 못 빠져나간 바닷물이 분지 속에 잠기면서 소금호수가 되었어요. 소금호수는 바닷물보다 무려 8배나 더 짜요.

신문 읽기

서반구 최대 **소금호수**인 미국 유타주의 '그레이트 솔트레이크'가 5년 안에 사라질 수 있다는 연구 결과가 나왔어요.

사진 설명: 국제우주정거장에서 찍은 소금호수

빨라도 너무 빠른 속도로 사라지고 있어요

그레이트 솔트레이크는 **관측** 이래 가장 낮은 **수위**를 기록했어요. 과학자들은 소금호수가 예상보다 훨씬 더 빠른 속도로 수위가 낮아지고 있다고 말하면서 이 속도라면 5년 안에 완전히 말라 버릴 것이라는 전망을 내놓았어요. 소금호수는 한때 서울의 6.8배의 크기였지만, 2016년에는 3분의 2로 줄어들었고 지난해에는 절반까지 줄었어요.

소금호수가 이렇게 빠른 속도로 줄어든 이유는

지구온난화와 더불어 사람들의 물 과소비가 소금호수의 물을 더 빨리 마르게 했어요. 지난 3년간 호수에는 일반적으로 흘러야 하는 하천 흐름의 3분의 1도 안 되는 물이 **공급되었다고** 해요. 호수로 흘러 들어가야 할 물의 대부분을 사람들이 다 써 버린 것이죠. 앞으로 소금호수가 살아나려면 물이 호수로 들어갈 수 있게 인근 주민들이 지금 사용하는 물의 양보다 절반 이상 아껴야 한다고 해요. 그레이트 솔트레이크가 말라가면서 여러 가지 문제도 발생하고 있어요. 소금호수에 살던 새우와 파리에 **독성**이 생기면서, 이를 먹고 살던 천만 마리의 철새가 위험에 빠졌어요. 또한 호수 바닥에 있던 중금속과 같은 **유해 물질**이 바람에 날리면서 인근 주민들의 건강도 위험에 처했어요. 이제 더 이상 머뭇거릴 시간이 없어요. 환경보호를 위해 서둘러 움직여야 할 때예요.

정리하기

◎ 다음 빈칸을 채우세요

서반구 최대 ☐☐☐ 가 5년 안에 사라질 수 있다는 연구 결과가 나왔어요.

◎ 맞으면 O, 틀리면 X 하세요.

1. 소금호수가 예상보다 훨씬 더 빠른 속도로 말라가고 있어요. ☐
2. 사람들이 물을 많이 써서 호수가 더 빠르게 말랐어요. ☐
3. 소금호수가 말라도 인근 주민들의 건강에는 큰 관련이 없어요. ☐

◎ 신문 어휘 풀이

- 관측: 자연 현상을 기계를 이용하거나 눈으로 자세히 살펴보아 어떤 사실을 짐작하거나 알아내는 것
- 수위: 강, 바다, 호수 등의 물의 높이
- 공급되다: 요구나 필요에 따라 물건이나 돈 등이 제공되다
- 독성: 독이 있는 성분이나 독한 성질
- 유해 물질: 해로움이 있는 물질을 통틀어 이르는 말

토론하기

Q. 소금호수를 되살릴 수 있는 방법에는 어떤 것들이 있을까요? 다양한 방법들을 자유롭게 이야기해 보세요.

93

지금, 오존층은 건강 회복 중

배경 지식

- **오존층:** 성층권(지상 11~50km)에서 오존이 빈틈없이 빽빽하게 모인 층을 말해요.
- **몬트리올 의정서:** 오존층의 파괴를 막기 위한 국제협약이에요. 1987년 캐나다 몬트리올에서 체결되었고, 1989년 1월부터 시작되었어요.

신문 읽기

구멍 난 오존층이 느리지만 뚜렷하게 메워지고 있다는 기쁜 소식이 유엔 보고서를 통해 전해졌어요.

사진 설명: 오존층

몬트리올 의정서 효력이 시작된 지 33년 만에 오존층이 회복되고 있대요

땅에서 10~50km 상공에 있는 오존층은 우주에서 들어오는 자외선을 흡수해 지구에서 살아가는 생명체를 보호하는 역할을 해요. 그러나 프레온가스 사용이 늘면서 1960년대 지구 극지방에서 오존 구멍이 생기기 시작했어요. 오존층이 파괴되면서 유엔은 1987년 '몬트리올 의정서'를 채택해 오존층을 파괴하는 물질 사용을 규제하기로 했어요. 그 후 33년이 지난 지금, 오존층을 파괴하는 물질들의 사용이 크게 줄었고 그로 인해 오존층이 점차 회복해가고 있다는 연구 결과가 나왔어요. 북극은 2045년까지, 남극은 2066년까지 1980년대 수준으로 오존층이 회복될 거라고 예상했어요.

오존층이 회복되면

지구 기온을 0.5~1℃ 정도 억제할 수 있다고 해요. 또한 파괴된 오존층이 회복되면서 매년 200만 명을 피부암으로부터 구할 수 있다고 해요. 다만 오존층이 회복되는 속도는 아직 느리지만 4년에 비해 회복 상태가 상당히 좋아지고 있어 희망적이에요. 오존층이 회복됐다는 사실을 통해 우리가 환경을 지키기 위해 노력하면 환경도 그 노력에 대답한다는 메시지를 볼 수 있었어요. 오존층 회복을 통해 우리가 화석연료에서 벗어나기 위해 무엇을 해야 하는지 알 수 있어요.

정리하기

◎ 다음 빈칸을 채우세요
　　□□□ 은 우주에서 들어오는 자외선을 흡수해 지구 생명체를 보호해요.

◎ 맞으면 O, 틀리면 X 하세요.
　1. 1987년 몬트리올 의정서를 채택했지만 오존층 파괴 물질 사용은 줄지 않았어요. □
　2. 오존층이 점차 회복해가고 있다는 연구 결과가 발표됐어요. □
　3. 오존층이 회복되면서 매년 200만 명을 피부암에서 구할 수 있어요. □

◎ 신문 어휘 풀이
　· 효력: 법률이나 규칙 등이 영향을 미침
　· 채택하다: 여러 가지 중에서 골라서 다루거나 뽑아 쓰다
　· 파괴하다: 때려 부수거나 깨뜨려 헐어 버리다
　· 규제하다: 규칙이나 법으로 개인이나 단체의 활동을 일정 범위를 넘지 못하게 막다
　· 억제하다: 정도나 한도를 넘어서 나아가려는 것을 억눌러 그치게 하다

토론하기

Q. 인간이 환경을 지키기 위해 노력하면 환경도 그 노력에 보답한다는 것을 '오존층 회복' 기사를 예로 들어 설명해 보세요.

94 선인장이 알프스를 찾아온 까닭은

배경 지식

- **선인장**: 잎 대신 뾰족한 가시가 돋아나 있는 식물이에요. 선인장은 주로 사막과 같이 덥고 건조한 곳에서 잘 자라요.
- **생물다양성**: 생물다양성은 생태계가 유지되기 위한 생물의 종류, 생물의 유전자 등의 다양성을 모두 이르는 말이에요. 생태계가 유지되어야 사람들이 살아갈 수 있기 때문에 생물다양성은 우리 인간에 아주 중요해요.

신문 읽기

사진 설명: 부채선인장

눈으로 뒤덮인 겨울 알프스에 사막에서 자라는 **선인장**이 자라나기 시작했다고 해요. 무슨 일일까요?

지구온난화 때문이에요

알프스산맥 곳곳에서 부채선인장이 빠른 속도로 늘어나고 있어요. 부채선인장은 영하 15도에서도 살아남을 수 있지만, **건조한** 곳을 좋아하고 물기가 있는 곳을 싫어하기 때문에 거의 1년 내내 눈이 쌓인 알프스에서는 그동안 자라기 힘들었어요. 하지만 지구온난화로 인한 기후변화로 알프스 지역이 따뜻해지면서 눈으로 덮인 땅이 점점 줄어들어, 선인장이 살기 적당한 곳이 되어버린 것이죠. 지난 20년간 알프스산맥이 눈으로 뒤덮인 날은 215일이었는데, 이는 지난 600년간의 평균보다 한 달 정도 적었던 것이라는 연구 결과가 나왔어요. 그만큼 눈 덮인 날이 줄어든 것이에요.

생태계 다양성을 위협하는 선인장

부채선인장이 빠른 속도로 **증식하는** 것의 또 다른 문제는 선인장이 기존 생태계의 **생물다양성**을 위협한다는 점이에요. 현재 키 작은 식물의 30%를 선인장이 차지하고 있는데, 앞으로 선인장이 낮은 키의 식물들을 다 밀어내어 자라지 못하게 한다는 **우려**의 목소리도 나오고 있어요. 선인장은 밟거나 뽑아버려도 쉽게 죽지 않는 강한 **생명력**을 지녔어요. 그렇기에 전문가들은 알프스 생태계에서 선인장을 완전히 **제거하는** 것은 어려울 것으로 예상해요. 북극만큼이나 빠른 속도로 기온이 올라 변화하고 있는 스위스 생태계, 전문가들은 걱정 어린 눈으로 바라보고 있어요.

정리하기

◎ 다음 빈칸을 채우세요

알프스산맥에 ☐☐ 의 수가 늘어나고 있어요.

◎ 맞으면 O, 틀리면 X 하세요.

1. 선인장은 생명력이 강해 눈 덮인 곳에서도 살아남을 수 있어요. ☐
2. 지구온난화로 인해 알프스산맥에 눈 덮인 날이 줄어들고 있어요. ☐
3. 선인장의 문제는 낮은 키의 식물들을 자라지 못하게 한다는 점이에요. ☐

◎ 신문 어휘 풀이

- **건조하다**: 말라서 물기나 습기가 없다
- **증식하다**: 늘어서 많아지다
- **우려**: 근심과 걱정
- **생명력**: 생물체가 생명을 유지하여 나가는 힘
- **제거하다**: 없애 버리다

토론하기

Q. 선인장이 알프스를 뒤덮어 버리면 어떤 일이 벌어질까요?

95

조용한 팬데믹, 슈퍼버그가 밀려온다

배경 지식

- **슈퍼버그:** 한 종류 이상의 항생제를 포함한 약물들에 대해 내성을 갖는 박테리아, 바이러스, 기생충 및 곰팡이를 통틀어 이르는 말이에요.
- **항생제:** 세균의 번식을 억제하거나 죽여서 세균 감염을 치료하는 데 사용되는 약물을 말해요.
- **항생제 내성:** 세균이 특정한 혹은 많은 종류의 항생제의 영향을 받지 않고 늘어날 수 있는 능력을 말해요.

신문 읽기

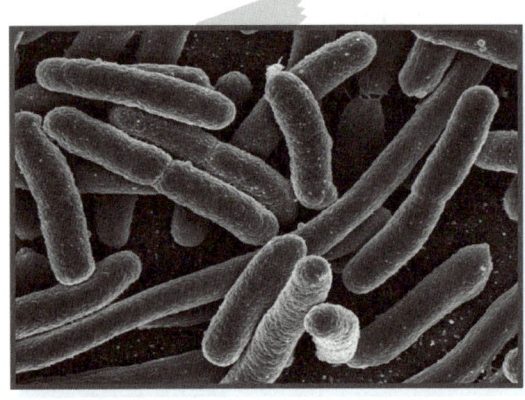

사진 설명: 슈퍼버그

흔히 슈퍼 박테리아라고 불리는 **슈퍼버그**는 항생제에 강한 내성을 지니고 있어 쉽게 치료가 되지 않아 사람들의 건강을 위협하고 있어요.

점점 강력해지고 있는 슈퍼버그의 힘

항생제 내성 관련 6차 국제회의에서는 '슈퍼버그에 대비하기(Bracing for Superbugs)'라는 내용의 보고서를 발표했어요. 이 보고서에서는 슈퍼 박테리아로 인한 **사망자**의 수가 **급격히** 늘고 있으며 이 **추세**대로라면 2050년에는 슈퍼 박테리아로 인한 사망자가 1년간 천만 명 정도로 증가할 것으로 내다봤어요.

슈퍼버그의 힘이 점점 세지고 있는 이유

이전에는 항생제 **남용**을 주요 이유로 보았는데요, 전문가들은 점차 환경적인 **요인**에 집중하고 있어요. 기후변화는 다양한 방식으로 바이러스의 항생제 내성을 강하게 만드는데요, 지구의 온도가 높아지면 슈퍼버그가 **증식하는** 속도가 걷잡을 수 없이 빨라질 거예요. 보이지 않는 슈퍼버그가 여기저기서 우리를 위협하고 있어요. 항생제 사용을 줄이고 환경문제를 적극적으로 해결해 나가려는 노력이 그 어느 때보다도 필요해요.

정리하기

◎ 다음 빈칸을 채우세요

항생제를 써도 영향을 받지 않고 계속 증식하는 박테리아를 ☐☐☐ 라고 해요.

◎ 맞으면 O, 틀리면 X 하세요.

1. 슈퍼버그로 인해 죽어 가는 사람들이 점점 늘고 있어요. ☐
2. 슈퍼버그의 힘이 세지는 까닭은 항생제 남용, 이 한 가지 원인 때문이에요. ☐
3. 슈퍼버그를 줄여 나가기 위해서는 항생제 사용을 줄이고 기후변화를 줄여 나가야 해요. ☐

◎ 신문 어휘 풀이

- **위협하다**: 힘으로 으르고 협박하다
- **사망자**: 죽은 사람
- **급격히**: 변화의 움직임 따위가 급하고 격렬하게
- **추세**: 어떤 현상이 일정한 방향으로 나아가는 경향
- **남용**: 일정한 기준이나 한도를 넘어서 함부로 씀
- **주요**: 주되고 중요함
- **요인**: 사물이나 사건이 이루어지는 중요한 원인
- **증식하다**: 늘어서 많아지다

토론하기

Q. 슈퍼버그의 힘을 약하게 만들기 위한 방법으로 무엇이 있을까요?

96 해운대가 사라질지도 모른다니 이게 무슨 말이죠?

배경 지식

- 해수면: 바닷물의 표면
- 해수면 상승: 지구온난화에 의해 빙하가 녹아 바닷물의 수위가 높아지는 현상

신문 읽기

사진 설명: 지구온난화

2050년까지 **탄소 배출량**을 줄이는 데 실패하면 2150년 남·북극 빙상이 돌이킬 수 없는 수준으로 녹아 사라지고, 예상보다 더 빠른 속도로 **해수면**이 **상승**할 수 있다는 분석이 나왔어요.

빙상은 해수면 상승에 가장 큰 영향을 줘요

빙상은 남극과 북극 그린란드 대륙을 넓게 덮고 있는 얼음덩어리예요. 바다 위에 떠 있는 빙산은 녹아내려도 해수면 높이에 큰 영향을 주지 않지만, 육지 위에 펼쳐져 있는 빙상이 녹아 바다로 흘러 들어가게 되면 해수면을 크게 상승시켜요. 연구자들은 이산화탄소 배출을 줄이지 못하고 지구 온도가 1.8도 이상 높아지면 빙상 **붕괴**가 시작될 것으로 **전망해요**. 이로 인해 2m가 넘는 **해수면 상승**이 예상된다고 밝혔어요.

해운대가 사라질지도 몰라요

해수면이 2m가량 상승할 경우, 한국 국토의 1%가 물에 잠겨요. 전국 주요

해수욕장은 모두 사라진다고 볼 수 있고, 섬 지역의 해안가 마을 역시 모두 바다에 잠긴다고 해요. 구테흐스 유엔 사무총장은 낮은 지대에 살고 있는 주민들과 국가들은 사라질 수 있으며, 해수면 상승으로 신선한 물이나 땅, 다른 자원에 대해 **치열하게** 경쟁해야 할 것이라며 경고했어요. 전 세계 10억 명의 인구가 해발 10m 아래 **저지대**에 살고 있어요. 지구온난화로 인한 해수면 상승은 세계적인 **재난**이 될 것임이 분명해요.

정리하기

◎ 다음 빈칸을 채우세요

지구온난화에 의해 빙하가 녹아 바닷물의 수위가 높아지는 현상을 ☐☐☐ 라고 해요.

◎ 맞으면 O, 틀리면 X 하세요.

1. 탄소 배출량이 줄어들면 해수면 상승은 더 빠른 속도로 진행될 거예요. ☐
2. 육지 위에 펼쳐진 빙상은 녹아도 해수면 높이에 큰 영향을 안 줘요. ☐
3. 한국 국토의 1%가 물에 잠기면 전국 주요 해수욕장이 모두 사라지게 돼요. ☐

◎ 신문 어휘 풀이

- **탄소 배출량**: 공기 중으로 나오게 되는 이산화탄소의 양
- **상승하다**: 낮은 데서 위로 올라가다
- **붕괴**: 무너지고 깨어짐
- **전망하다**: 앞날을 미리 생각해 보다
- **치열하다**: 기세나 세력 등이 타오르는 불꽃같이 몹시 사납고 세차다
- **저지대**: 낮은 곳, 낮은 지대
- **재난**: 뜻밖에 일어난 재앙과 고난

토론하기

Q. 지구온난화가 우리의 삶에 미치는 영향에 대해 아는 것을 모두 설명해 보세요.

97 실내는 공기오염으로부터 안전할 거라는 착각

배경 지식

- **미세먼지**: 눈에 보이지 않을 만큼 매우 작은 먼지를 말해요. 미세먼지는 대기 중에 머물러 있다가 호흡기를 거쳐 폐 등에 들어가거나 혈관을 따라 몸으로 들어가 건강에 나쁜 영향을 미쳐요.
- **세계보건기구(WHO)**: 질병을 예방하고 치료해 사람들의 건강을 지키기 위해 국제적으로 협력하려고 1948년에 설립된 국제 연합의 전문 기구예요.

신문 읽기

미세먼지가 심한 날, 밖으로 나가지만 않으면 우리는 안전할까요? 실내 공기는 얼마나 깨끗할까요?

사진 설명: 미세먼지

실내 공기오염도 만만치 않게 위험해요

국제학술지 '네이처'에 실외 미세먼지만큼이나 실내 공기오염도 심각하다는 내용의 논문이 실렸어요. 그동안 연구자들은 실외 공기오염을 줄이는 데만 집중해 왔어요. 하지만 실내 공기오염도 사람들에게 상당히 위험할 수 있다는 연구 결과가 나왔어요. 세계보건기구(WHO)에 따르면 2020년 실내 공기오염으로 320만 명이, 실외 공기오염으로 350만 명이 사망한 것으로 나타났어요. 실내 공기에는 건축 자재, 페인트, 카펫, 가구 등에서 포름알데히드 및 라돈과 같은 유해 물질, 샴푸, 화장품, 세제 등의 향료에서 나오는 물질, 요리할 때 나오는 일산화탄소 등 다양한 오염물질이 있어요. 실외에서는 이런 오염물질이 공기 중에 사라지지만 실내에서는 쌓인다는 문제가 있어요.

실내 공기오염을 줄이려면

　대부분의 사람들은 집 밖으로 나간다고 해도 학교, 회사, 병원, 커피숍, 쇼핑몰 등 실내에서 많은 시간을 보내요. 그렇기 때문에 향이 나는 화장품이나 세제, 향초 사용을 줄이고 오염물질을 닦아내는 청소를 하는 등 실내 공기오염을 줄여 나가려고 노력해야 해요. 실내 오염물질은 공기청정기로도 마스크로도 제대로 걸러낼 수가 없기 때문에 **환기**를 자주 해 유해 물질을 밖으로 내보내야 해요.

정리하기

◎ 다음 빈칸을 채우세요.
　실외만큼 ☐☐ 공기오염도 심각해요.

◎ 맞으면 O, 틀리면 X 하세요.
　1. 사람들은 실외 공기오염뿐만 아니라 실내 공기오염에도 관심이 많았어요. ☐
　2. 향초는 실내 공기를 좋게 만들어요. ☐
　3. 실내 공기오염은 공기청정기만으로 걸러낼 수 없어 환기를 자주 해야 해요. ☐

◎ 신문 어휘 풀이
　· 실외: 방이나 건물 따위의 밖
　· 실내: 방이나 건물 따위의 안
　· 유해 물질: 해로움이 있는 물질을 통틀어 이르는 말
　· 일산화탄소: 탄소의 산화물. 무색무취의 기체로 독성이 있다
　· 환기: 더럽고 탁한 공기를 맑은 공기로 바꿈

토론하기

Q. 실내 공기오염이 위험한 이유가 뭐예요? 그리고 이것을 해결하기 위한 방법에는 무엇이 있어요?

98 쓰고 버린 마스크가 위험하다!

배경 지식

- **나노 플라스틱**: 길이 1μm(마이크로미터) 이하의 플라스틱을 '나노 플라스틱(Nanoplastics)'이라 해요. 의류에서 나온 섬유 조각, 타이어가 닳는 과정에서 많이 나와요. 크기가 아주 작아 하수 처리 시설에서 걸러지지 않고 하천과 바다로 흘러가요.

신문 읽기

미세먼지와 코로나바이러스로부터 우리를 보호하기 위해 쓰다 버린 마스크가 다시 돌아와 우리의 건강을 위협할지도 모른다고 해요.

사진 설명: 쓰다 버린 마스크

쓰다 버린 마스크가 폐 손상을 일으킨다는데
일회용 마스크의 주원료로 쓰이는 폴리프로필렌(PP)이 나노 플라스틱이 되어 폐에 손상을 일으킨다는 연구 결과가 나왔어요. 폴리프로필렌(PP)은 일상생활에서 일회용품으로 흔히 접할 수 있는 플라스틱이에요. 나노 플라스틱, 이른바 미세플라스틱은 버려진 플라스틱이 햇빛이나 바람에 의해 미세한 입자로 변한 것을 말해요. 우리의 생활 속에서 상당한 양의 미세플라스틱이 공기 중을 떠다니며 사람의 폐에 쌓이고 있어요. 특히 1㎛ 이하의 나노 플라스틱은 폐포까지 도달해 다양한 호흡기 질환을 일으켜요. 연구팀은 실험용 쥐에게 PP 나노 플라스틱을 노출 시킨 후 폐 손상을 관찰했는데요, 실험 동물에게서 염증성 손상이 유발되는 것을 확인할 수 있었어요.

마스크로 인한 위험을 줄이려면
세계보건기구(WHO)에 따르면 2020년 전 세계에서 생산된 일회용 마스크는 520억 개에 이르며, 이 가운데 적어도 15~20억 개는 바다로 흘러 들어간 것으로 **추산된다고** 밝혔어요. 바다로 흘러 들어간 마스크에서 나노 플라스틱이 흘러나오고, 이는 결국 우리의 환경과 건강을 위협하는 요인이 될 거예요. 따라서 일회용 마스크를 버릴 때는 종량제봉투에 버려야 해요. 또한 마스크는 40시간까지 사용해도 문제가 없기 때문에 일상생활에서는 마스크를 너무 단시간 사용하고 버리지 않아야 해요.

정리하기

◎ 다음 빈칸을 채우세요
  쓰다 버린 마스크에서 나온 ☐☐☐☐☐ 은 사람의 폐에 손상을 입혀요.

◎ 맞으면 O, 틀리면 X 하세요.
  1. 마스크의 주원료인 폴리프로필린이 나노 플라스틱이 되어요. ☐
  2. 나노 플라스틱은 사람의 폐에 쌓여 다양한 호흡기 질환을 일으켜요. ☐
  3. 마스크를 8시간만 사용해도 효과가 떨어져요. ☐

◎ 신문 어휘 풀이
  · **손상**: 물체가 깨지거나 상함. 혹은 병이 들거나 다침
  · **입자**: 물질을 구성하는 미세한 크기의 물체
  · **폐포**: 허파로 들어간 기관지의 끝에 포도송이처럼 달려 있는 자루. 호흡할 때에 가스를 교환하는 작용을 한다
  · **도달하다**: 목적한 곳이나 수준에 도착하다
  · **유발되다**: 어떤 것이 원인이 되어 사건이나 현상이 일어나다
  · **추산되다**: 짐작으로 미루어져 셈하여지다

토론하기

Q1. 마스크를 사용하는 것이 어떤 문제를 일으켰어요?

Q2. 마스크를 어떻게 사용하는 것이 환경에 도움이 될까요?

99 그녀의 이름은 그레타 툰베리

배경 지식

- 그레타 툰베리: 스웨덴의 환경운동가예요. 2019년에 유엔 본부에서 열린 기후 행동 정상회의에서 연설하여 세계적으로 유명해졌으며, 타임지 '올해의 인물'에 가장 어린 나이에 선정되었어요.

신문 읽기

사진 설명: 그레타 툰베리

3년 연속 노벨평화상 후보로 선정된 19세 환경운동가, 그레타 툰베리를 아시나요?

툰베리가 환경운동을 시작하게 된 까닭은

그레타 툰베리는 스웨덴의 환경운동가예요. 툰베리는 8살 때 본 한 영상을 통해 '기후변화'와 '지구온난화'에 대해 알게 됐어요. 기후변화가 진행되고 있는데 그 누구도 적극적으로 나서지 않는 현실을 보고 극심한 우울증에 빠졌다고 해요. 두 달 사이 10kg이나 빠진 툰베리는 결국 지구 환경을 지키기 위해 스스로 나설 수밖에 없었어요.

기후변화를 막기 위한 툰베리의 활동에는

2018년, 15살이 된 툰베리는 기후 및 환경운동가로 본격적으로 활동하기 시작했어요. 탄소 배출을 줄여야 한다는 목소리를 내기 위해 스웨덴 의회 앞에서 1인 시위를 시작했어요. 툰베리의 '미래를 위한 금요일' 시위에 관심을 보이는 사람이 점차 늘어 갔고, 이 시위는 전 세계로 퍼져 약 700만 명 이상이 참여하게 되었어요. 툰베리의 1인 시위가 전 세계적인 기후 운동 캠페인으로 발전했지요. 툰베리는 탄소 배출을 줄이기 위해 비행기 대신 태양광 요트를 타고

대서양을 건너며, 기후변화에 적극적으로 나서지 않는 각국의 정치인들에 대해 **비판**의 목소리를 높였어요. 툰베리는 유엔 기후 행동 정상회의에서 다음과 같이 말했어요. "수많은 사람들이 환경문제로 죽어가고 모든 **생태계**가 무너지고 있다. 그런데도 당신들은 돈과 경제성장이라는 동화 같은 이야기만을 한다. 어떻게 그럴 수 있는가?"라고 말이죠. 이 말은 많은 이들에게 깊은 울림을 주었어요.

정리하기

◎ **다음 빈칸을 채우세요.**
그레타 툰베리는 스웨덴의 ☐☐☐☐ 예요.

◎ **맞으면 O, 틀리면 X 하세요.**
1. 툰베리는 노벨평화상 후보에 3년 연속 올랐어요. ☐
2. 툰베리의 1인 시위가 사람들에게 미친 영향을 크지 않아요. ☐
3. 툰베리는 환경보호와 함께 경제성장도 놓칠 수 없는 부분이라고 했어요. ☐

◎ **신문 어휘 풀이**
- **본격적**: 모습을 제대로 갖추고 적극적으로 이루어지는. 또는 그런 것
- **시위**: 많은 사람들이 무리를 지어 공개적인 장소에서 자신들의 주장을 폄
- **태양광**: 태양광을 이용해 얻는 에너지
- **비판**: 현상이나 사물의 옳고 그름을 판단하여 밝히거나 잘못된 점을 지적함
- **생태계**: 일정한 환경에서 여러 생물들이 서로 관계를 맺으며 살아가는 자연의 세계

토론하기

Q1. 여러분은 툰베리의 환경 운동에 대해서 어떻게 생각해요?

Q2. 경제 발전에만 관심을 가지고 환경을 지키지 않는 어른들에게 무슨 이야기를 해주고 싶어요?

100

밤이 밤다울 수 있도록 어둠을 지켜 주세요

배경 지식

○ **빛 공해:** 인공조명(사람이 만들어낸 조명)이 너무 밝거나 지나치게 많아 야간에도 낮처럼 밝은 상태가 유지되는 현상을 '빛 공해'라고 해요.

신문 읽기

사진 설명: 빛 공해

한국이 사우디에 이어 **빛 공해**가 전 세계 2위라는 조사 결과가 발표되었어요.

빛도 환경오염이 된다는 사실, 알고 계셨나요?

2007년 세계보건기구(WHO)는 빛 공해가 암을 일으키는 물질이라고 정했어요. 빛뿐만 아니라 어둠도 사람에게는 반드시 필요한데요, 어두운 하늘을 보호하는 것이 사람 건강에 매우 중요하기 때문에 얼마 전 영국에서는 빛 공해 연구소가 **설립**됐어요. 밝은 조명 때문에 밤에도 낮처럼 밝은 상태가 유지되면 사람의 건강에 나쁜 영향을 미쳐요. 빛 공해로 인해 수면을 **조절하는** 호르몬인 멜라토닌의 **합성**이 어려워지면서 암에 걸릴 확률이 높아지고 야생동물에게도 영향을 미쳐, 동물들의 이동과 짝짓기를 방해할 수도 있다고 해요.

빛 공해는 천문대에도 악영향을 미치고 있어요

한 조사 결과에 따르면 전 세계 주요 **천문대**의 4분의 3이 빛 공해의 영향을 받고 있다고 해요. 인공 빛 때문에 하늘의 별을 볼 수 없게 되었어요. 이러한 빛 공해 문제를 해결하지 못한다면 우주를 관찰하고 **탐사**할 수 있는 기회를 잃게 되어요. 빛 공해는 우주탐사를 어렵게 할 뿐만 아니라 동물과 사람의 **생체 리듬**을 무너뜨려 건강에 악영향을 미쳐요. 한국은 세계에서도 빛 공해 피해가 심한 나라 중 하나인데요, 빛 공해를 줄일 수 있도록 모두가 노력해 나가야 할 때예요.

정리하기

◎ 다음 빈칸을 채우세요

인공조명이 너무 밝아 밤에도 낮처럼 밝은 상태가 유지되는 현상을 □□라고 해요.

◎ 맞으면 O, 틀리면 X 하세요.

1. 인공조명 때문에 밤이 낮처럼 밝으면 사람의 건강에 나쁜 영향을 미쳐요. □
2. 인공 빛이 강하면 밤하늘의 별을 제대로 관찰할 수가 없어요. □
3. 동물들에게는 빛 공해가 별다른 영향을 끼치지 않아요. □

◎ 신문 어휘 풀이

- **설립**: 기관을 만드는 것
- **유지**: 어떤 상태나 상황을 그대로 보존하거나 변함없이 계속하여 지탱함
- **조절하다**: 균형에 맞게 바로잡거나 적당히 맞추어 나가다
- **합성**: 둘 이상의 것을 합쳐서 하나를 이룸
- **천문대**: 우주의 모든 현상(천체)을 관측하고 연구하기 위하여 설치한 시설 또는 기관
- **탐사하다**: 알려지지 않은 사물이나 사실을 빠짐없이 조사하다
- **생체 리듬**: 생물체의 생명 활동에 생기는 체온, 수면 등과 같은 여러 종류의 주기적인 변화

토론하기

Q. 빛 공해를 줄일 수 있는 방법에는 무엇이 있을까요?

정답

1. 희소성 / ××O
2. 인플레이션 / O×O
3. 불황 / ××O
4. 정리해고 / ×OO
5. 보호무역 / O×O
6. 회색코뿔소 / ×OO
7. 국내총생산 / O××
8. 물가상승 / O×O
9. 종자전쟁 / ×O×
10. 소비기한 / ×OO

11. 키오스크 / O×O
12. 가격탄력성 / ×OO
13. 공정무역 / O××
14. 체리슈머 / ×OO
15. 국가부도 / ×O×
16. 기후변화 / O××
17. 노키즈존 / OO×
18. 알파세대 / O××
19. 저출산 / ×O×
20. 공인작가 / O×O

21. 드론 배달 / ×O×
22. 접촉 위안 / ×OO
23. 혐오 / O××
24. CG / ×O×
25. 플랫폼 / OO×
26. 설문조사 / ×OO
27. 저작권 / O×O
28. 보물 / ×OO
29. 어휘력 / ×O×
30. 전염성 / ×××

31. 평균 실종 / ×OO
32. 비건 / ×O×
33. 동일한 / ××O
34. 수리권 / ×OO
35. 스몸비족 / O××
36. 차별적 / O××
37. 인구절벽 / O×O
38. 전쟁 / O××
39. 히잡 / OO×
40. 통일 / ×O×

41. 한류열풍 / O×O
42. 태양광 / O×O
43. 백지 시위 / OO×
44. 성별 편견 / O×O
45. 난민 / O×O
46. 식량난 / O×O
47. 비버 / O××
48. 지진 / O××
49. 리튬 / O×O
50. 대지진 / O×O

51. 텔레반 / O××
52. 오염수 / O××
53. 탄소 배출량 / O×O
54. 일회용품 / ××O
55. 금지 / ××O
56. 인류세 / ×O×
57. 성운 / ×O×
58. 수달 / ××O
59. 흰개미 / ×OO
60. 딱따구리 / O××

61. 냄새 / O × O	81. 열대우림 / O × O	99. 환경운동가 / O × ×
62. 전기 / × × O	82. 식량 위기 / O × O	100. 빛 공해 / O O ×
63. 개기월식 / O × O	83. 미세 플라스틱 / × O ×	
64. 사회성 / × O O	84. 지구온난화 / O × O	
65. 자율주행 / O × ×	85. 페트병 / O × O	
66. 무임승차 / O O ×	86. 멸종위기 / × O O	
67. 광합성 / O O ×	87. 산호초 / O × O	
68. 감염력 / O × O	88. 지구온난화 / O × O	
69. 육상 / O × O	89. 생태계 / O O ×	
70. 토성 / O O ×	90. 학대 / × × ×	
71. 신재생 / O × O	91. 갈조류 / O × O	
72. 자원 / O × O	92. 소금호수 / O O ×	
73. 얇아져요 / × × O	93. 오존층 / × O O	
74. 챗GPT / O × ×	94. 선인장 / × O O	
75. 포유류 / × × O	95. 슈퍼버그 / O × O	
76. 다누리 / O × O	96. 해수면 상승 / × × O	
77. 우주쓰레기 / × O ×	97. 실내 / × × O	
78. 희토류 / × O O	98. 미세 플라스틱 / O O ×	
79. 챗GPT / × O ×		
80. 빙하 / O O ×		

신문어휘사전(수록 어휘: 523)

<ㄱ, ㄲ>

- **가치소비:** 본인의 가치 판단을 토대로 제품을 구매하는 합리적인 소비 방식
- **각본:** 연극이나 영화를 만들기 위하여 쓴 글
- **갈조류:** 녹갈색 또는 담갈색을 띠는 해조류
- **감소:** 양이나 수치가 줆
- **감시:** 사람을 단속하거나 상황을 통제하기 위하여 주의 깊게 지켜봄
- **감염:** 병균이 식물이나 동물의 몸 안으로 들어가 퍼짐
- **감지하다:** 느끼어 알다
- **강국:** 국제적으로 어떤 분야에서 큰 힘을 가진 나라
- **강력하다:** 힘이나 영향이 크다
- **강수량:** 비, 눈, 우박 따위로 일정 기간 일정한 곳에 내린 물의 총량
- **강진:** 강한 지진
- **강타하다:** 세게 치다
- **개발도상국:** 산업의 근대화와 경제개발이 선진국에 비하여 뒤떨어진 나라
- **개발자:** 새로운 물건을 만들거나 새로운 생각을 내놓는 사람
- **거대:** 엄청나게 큼
- **거래하다:** 돈이나 물건을 주고받거나 사고팔다
- **거부하다:** 요구나 제의 따위를 받아들이지 않고 물리치다
- **건조하다:** 말라서 물기나 습기가 없다
- **건축설계사:** 건물을 짓기 위해 실제적인 계획을 세워 그림과 간략한 설명으로 나타내고 관련 서류를 작성하는 일을 하는 사람
- **결항:** 배나 비행기가 오고 가지 않는 것
- **경기 불황:** 경제 활동이 활발하지 않아, 물가와 임금이 내리고 생산이 줄어들며 실업이 늘어나는 상태
- **경기침체:** 경제 활동 상태가 앞으로 나아가지 못하고 제자리에 머무름
- **경작지:** 갈아서 농사를 지을 수 있는 토지
- **경쟁하다:** 어떤 것에서 이기거나 앞서려고 서로 겨루다
- **경제성장:** 국민 경제의 능력이 커지는 일

- **계기**: 어떤 일이 일어나거나 변화하도록 만드는 결정적인 원인이나 기회
- **고유어**: 해당 언어에 본디부터 있던 말이나 그것에 기초하여 새로 만들어진 말
- **고유종**: 어느 한 지역에만 있는, 특정한 생물의 종(種)
- **곡물**: 사람의 식량이 되는 쌀, 보리, 콩, 조, 기장, 옥수수 따위를 통틀어 이르는 말
- **곡식**: 쌀, 보리, 밀, 옥수수 등의 먹거리
- **공개하다**: 어떤 사실이나 사물, 내용 따위를 여러 사람에게 널리 터놓다
- **공격**: 나아가 적을 침
- **공급**: 요구나 필요에 따라 물건이나 돈 등을 대어 줌
- **공유재산**: 공공의 목적에 사용하기 위하여 국가나 공공 단체가 소유하는 재산
- **공유하다**: 두 사람 이상이 어떤 것을 함께 가지고 있다
- **공정하다**: 한쪽으로 치우치지 않고 객관적이고 올바르다
- **공포**: 두렵고 무서움
- **과도하다**: 정도에 지나치다

- **관찰**: 사물이나 현상을 주의 깊게 자세히 살펴봄
- **관측**: 자연 현상을 기계를 이용하거나 눈으로 자세히 살펴보아 어떤 사실을 짐작하거나 알아내는 것
- **광산**: 광물을 캐내는 곳
- **교란시키다**: 어떤 체계의 질서나 사람의 마음을 뒤흔들어 어지럽게 함
- **교체하다**: 사람이나 사물을 다른 사람이나 사물로 대신하다
- **구독료**: 책이나 잡지, 신문을 정기적으로 받아 보기 위해 내는 돈
- **구매력**: 상품을 살 수 있는 경제적인 능력
- **구매자**: 물건을 사는 사람
- **구별하다**: 종류에 따라 나누다
- **구입**: 물건 등을 삼
- **구체적**: 실제적이고 세밀한 부분까지 담고 있는 것
- **구호금**: 재해나 재난으로 어려움에 처한 사람을 돕기 위해 여러 사람이 마련한 돈
- **군관**: 조선 시대에, 각 군영과 지방 관아의 군무에 종사하던 낮은 벼슬아치

- **군사**: 군대, 전쟁 등 군에 관한 일
- **권리**: 어떤 일을 하거나 다른 사람에게 요구할 수 있는 정당한 힘이나 자격
- **궤도선**: 목표 천체를 공전하면서 탐사 활동을 수행하는 우주선
- **귀환**: 잠시 다른 곳으로 떠났다가 원래 있던 곳으로 돌아가거나 돌아옴
- **규제하다**: 규칙이나 법으로 개인이나 단체의 활동을 일정 범위를 넘지 못하게 막다
- **극명하다**: 매우 분명하다
- **근거**: 어떤 일의 바탕이 되는 까닭, 이유
- **근육**: 사람이나 동물의 몸을 움직이게 하는 힘줄과 살
- **금리인상**: 빌려준 돈에 대한 이자나 이율을 종전보다 올림
- **급격하다**: 변화의 움직임 따위가 급하고 격렬하다
- **급증하다**: 갑작스럽게 늘어나다
- **기록**: 주로 훗날에 남길 목적으로 어떤 사실을 적은 글
- **기록하다**: 주로 다음에 남길 목적으로 어떤 사실을 적다
- **기반**: 기초가 되는 바탕
- **기부**: 자선 사업이나 공공사업을 돕기 위해 돈이나 물건 따위를 대가 없이 내놓음
- **기상 악화**: 바람, 구름, 비, 더위, 추위 등이 심해지는 것
- **기존**: 이미 있는 것, 존재하는 것
- **기지**: 군대나 탐험대 등이 머물면서 활동할 수 있게 필요한 시설을 갖춘 장소
- **기후**: 기온, 비, 눈, 바람 따위의 대기 상태
- **기후변화**: 일정 지역에서 오랜 시간 동안 진행된 날씨 변화
- **꿋꿋하다**: 사람의 의지, 태도나 마음가짐이 매우 굳세다

<ㄴ>
- **난이도**: 어려움과 쉬움의 정도
- **남녀노소**: 남자와 여자, 노인과 젊은이라는 뜻으로 모든 사람을 이르는 말
- **남용**: 일정한 기준이나 한도를 넘어서 함부로 씀

- **내전:** 한 나라 안에서 일어나는 싸움
- **노동자:** 일을 한 대가로 임금을 받아 생활을 유지하는 사람
- **노점:** 길가에 물건을 벌여 놓고 장사하는 곳
- **논의:** 어떤 문제에 대하여 서로 의견을 말하며 의논함
- **논쟁:** 생각이 다른 사람들이 자신의 생각이 옳다고 말이나 글로 다툼
- **농촌:** 주민의 대부분이 농업에 종사하는 마을이나 지역
- **농축:** 어떤 물질을 구성하는 성분 중 일부를 없애 그 성질을 진하게 함
- **눈총을 받다:** 남의 미움을 받다
- **능숙하다:** 어떤 일에 뛰어나고 익숙하다

<ㄷ>

- **다국적 기업:** 세계 여러 나라에서 연구·개발·생산·판매·서비스 등의 활동을 하는 기업
- **단기:** 짧은 기간
- **당:** 물에 잘 녹으며 단맛이 있는 탄수화물
- **대국:** 국력이 강하거나 국토가 넓은 나라
- **대규모:** 넓고 큰 범위나 크기
- **대기:** 지구를 둘러싸고 있는 기체
- **대량:** 아주 많은 분량이나 수량
- **대응하다:** 어떤 일이나 상황에 알맞게 행동하다
- **대중문화:** 많은 사람들이 만들고 누리는 문화
- **대지진:** 큰 지진
- **대책:** 어려운 상황을 이겨 낼 수 있는 계획
- **대처하다:** 어떤 어려운 일이나 상황을 이겨 내기에 알맞게 행동하다
- **대폭:** 썩 많이
- **대피하다:** 위험이나 피해를 입지 않도록 피하다
- **데이터베이스:** 컴퓨터에 많은 자료를 저장해 두고 여러 가지 형태로 이용할 수 있도록 한 자료
- **도달하다:** 목적한 곳이나 수준에 도착하다
- **도입:** 기술, 방법 등을 들여와 시작함
- **독립:** 한 나라가 완전한 주권을 가짐
- **독성:** 독이 있는 성분이나 독한 성질

- **독자적**: 남에게 기대지 아니하고 혼자서 하는 것
- **동등하다**: 등급이나 정도가 같다.
- **동맹국**: 서로의 이익이나 목적을 위해 함께 행동하기로 약속한 나라
- **동일하다**: 어떤 것과 비교하여 똑같다.
- **둔화시키다**: 느리게 만들다
- **등록**: 허가나 인정을 받기 위해 이름 등을 문서에 기록되게 하는 것
- **등록되다**: 일정한 자격 조건을 갖출 목적으로 단체나 학교 따위에 문서가 올려지다
- **등재**: 이름이나 어떤 내용이 장부에 적혀 올려짐

<ㅁ>

- **마련하다**: 어떤 상황에 대비한 계획이나 생각을 정리해 두다
- **마진**: 원가와 판매하는 가격 사이의 차액
- **만료되다**: 정해진 기한이 다 차서 끝나게 되다
- **매립되다**: 모아서 파묻어지다
- **매장**: 물건을 파는 장소
- **매장되다**: 지하자원 따위가 땅속에 묻히다
- **매장량**: 지하자원 따위가 땅속에 묻혀 있는 분량
- **매장지**: 지하자원 등이 땅속에 묻히어 있는 곳
- **맥락**: 서로 이어져 있는 관계나 연관된 흐름
- **머뭇머뭇하다**: 말이나 행동 따위를 선뜻 결단하여 행하지 못하고 자꾸 망설이다
- **멈칫거리다**: 하던 일이나 동작을 갑자기 멈추는 행동을 자꾸 하다
- **면역력**: 몸 밖에서 들어온 병균을 이겨 내는 힘
- **면허**: 특정 기술에 대해 국가에서 인정하는 자격
- **면화**: 아욱과의 한해살이풀. 면화 솜털을 모아 솜을 만들고 기름을 짠다
- **멸종**: 생물의 한 종류가 아주 없어짐
- **모금하다**: 기부금이나 성금 따위를 모으다
- **묘**: 사람의 무덤

- **무르다:** 물기가 많아서 단단하지 않다
- **문명:** 사람의 물질적, 기술적, 사회적 생활이 발전한 상태
- **물가:** 물건의 값
- **미만:** 정한 수효나 정도에 미치지 못함
- **미비하다:** 아직 다 갖추지 못한 상태에 있다
- **미생물학:** 눈으로는 볼 수 없는 아주 작은 생물에 대해 연구하는 학문
- **미세하다:** 구별해서 알기 어려울 정도로 작다
- **민족:** 오랫동안 일정한 지역에서 함께 생활하면서 고유한 언어, 문화, 역사를 이룬 사람들의 집단
- **밀:** 빵, 과자, 국수를 만드는 식물

<ㅂ>

- **반경:** 원이나 구의 중심에서 그 원둘레의 한 점에 이르는 선분의 길이
- **반려견:** 한 가족처럼 사람과 더불어 살아가는 개
- **반발하다:** 어떤 상태나 행동 따위에 대하여 거스르고 반항하다
- **발령:** 급한 상황에 대해 주의하도록 발표함
- **발발하다:** 전쟁이나 큰 사건 따위가 갑자기 일어나다
- **발생:** 어떤 일이 일어나는 것
- **발전하다:** 더 좋은 상태로 나아가다
- **발휘하다:** 재능, 능력 따위를 떨치어 나타내다
- **방대하다:** 규모나 양이 매우 크거나 많다
- **방류:** 모아서 가두어 둔 물을 흘려보냄
- **방치하다:** 내버려 두다
- **배려하다:** 관심을 가지고 보살펴 주거나 도와주다
- **배출량:** 안에서 만들어진 것이 밖으로 밀려 내보내지는 양
- **배출하다:** 안에서 밖으로 밀어 내보내다
- **배회하다:** 아무 목적도 없이 어떤 곳을 중심으로 어슬렁거리며 이리저리 돌아다니다
- **백기를 들다:** 상대편의 힘에 눌려서 자신의 뜻을 굽히고 남의 뜻에 따르다

- **벌채:** 나무를 베어 내거나 섶을 깎아 냄
- **보완하다:** 모자라거나 부족한 것을 보충하여 완전하게 하다
- **보장:** 잘못되는 일이 없도록 보증하거나 보호함
- **보장하다:** 어떤 일이 어려움 없이 이루어지도록 조건을 마련하여 보호하다
- **보존:** 잘 보호하여 남김
- **보존되다:** 중요한 것이 잘 보호되어 그대로 남겨지다
- **보행자:** 걸어서 길거리를 왕래하는 사람
- **복병:** 적을 기습하기 위하여 적이 지날 만한 길목에 군사를 숨김. 또는 그 군사
- **복지:** 편안하고 행복하게 사는 삶
- **본격적:** 모습을 제대로 갖추고 적극적으로 이루어지는. 또는 그런 것
- **봉쇄하다:** 굳게 막아 버리거나 잠그다
- **부담:** 어떠한 의무나 책임을 짐
- **부정행위:** 올바르지 못한 행위
- **부추기다:** 남을 이리저리 들쑤셔서 어떤 일을 하게 만들다
- **부품:** 기계 따위의 어떤 부분에 쓰는 물품
- **분량:** 수나 양의 정도
- **분리수거:** 종류별로 나누어서 버린 쓰레기를 가져감
- **분비:** 세포에서 만들어진 액체를 세포 밖으로 내보내는 것
- **분석:** 더 잘 이해하기 위하여 어떤 현상이나 사물을 여러 요소나 성질로 나누는 것
- **분포:** 일정한 범위에 흩어져 퍼져 있음
- **분해되다:** 여러 부분이 결합되어 이루어진 것이 그 낱낱으로 나뉘다
- **불공정하다:** 손해나 이익이 어느 한쪽으로 치우쳐 올바르지 않다
- **불과하다:** 어떤 수량에 지나지 않은 상태이다
- **불 보듯 뻔하다:** 앞으로 어떻게 될지 의심할 것 없이 아주 명백하다
- **불확실성:** 분명하거나 확실하지 않은 상태
- **불황:** 경제 활동이 제자리에 머물러 있는 상태
- **붕괴:** 무너지고 깨어짐

- **비관적:** 앞으로의 일이 잘 안될 것이라고 절망적으로 보는 것
- **비난:** 남의 잘못을 책잡아서 나쁘게 말함
- **비용:** 어떤 일을 하는 데 드는 돈
- **비율:** 다른 수나 양에 대한 어떤 수나 양의 비(比)
- **비판하다:** 현상이나 사물의 옳고 그름을 판단하여 밝히거나 잘못된 점을 지적하다
- **빈곤:** 가난하여 살기가 어려움

<ㅅ>

- **사망자:** 죽은 사람
- **사망하다:** 사람이 죽다
- **산업:** 인간의 생활을 경제적으로 풍요롭게 하기 위해 재화나 서비스를 생산하는 사업
- **살충제:** 사람과 가축, 농작물에 해가 되는 벌레를 죽이거나 없애는 약
- **삼림:** 나무가 많이 우거진 숲
- **삼중수소:** 방사능을 가지고 있는 수소. 암을 유발할 수 있다
- **상당수:** 많은 수
- **상반기:** 한 해를 둘로 나눌 때 앞의 절반 기간
- **상승:** 낮은 데서 위로 올라감
- **상식:** 사람들이 보통 알고 있거나 알아야 하는 지식
- **상위:** 높은 위치나 지위
- **상주:** 한곳에 계속 머물러 있음
- **상호작용:** 짝을 이루거나 관계를 맺고 있는 이쪽과 저쪽 사이에서 주고받는 영향
- **생명력:** 생물체가 생명을 유지하여 나가는 힘
- **생물:** 생명을 가지고 살아가는 물체. 동물, 식물, 미생물로 나눈다
- **생산:** 사람이 생활하는 데 필요한 각종 물건을 만들어 냄
- **생산량:** 만들어 내는 것의 양
- **생산지:** 어떤 물품을 만들어 내는 곳
- **생존자:** 살아남은 사람
- **생체 리듬:** 생물체의 생명 활동에 생기는 체온, 수면 등과 같은 여러 종류의 주기적인 변화

- **생태계:** 일정한 환경에서 여러 생물들이 서로 관계를 맺으며 살아가는 자연의 세계
- **생필품:** 일상생활에 반드시 있어야 할 물품
- **서방국가:** 서유럽 지방의 자유주의 국가
- **선명하다:** 뚜렷하고 분명하다
- **선정되다:** 여럿 가운데 목적에 맞는 것이 골라져 정해지다
- **선진국:** 다른 나라보다 정치, 경제, 문화 등의 발달이 앞선 나라
- **선천적:** 태어날 때부터 지니고 있는 것
- **설립:** 기관을 만드는 것
- **설비:** 필요한 물건이나 시설을 갖춤. 또는 그런 시설
- **설정하다:** 새로 만들어 정하다
- **설치하다:** 어떤 일을 하는 데 필요한 기관이나 설비 따위를 베풀어 두다
- **섬세하다:** 매우 세밀하고 정확하다
- **섭취하다:** 영양소를 몸 안으로 받아들이다
- **성장:** 사물의 규모가 커지거나 그 세력이 이전보다 늘어남
- **세균:** 사람들을 병에 걸리게 하거나 음식을 썩게 하는 아주 작은 생물
- **세기:** 백 년을 단위로 하는 기간
- **세밀하다:** 자세하고 꼼꼼하다
- **센서(sensor):** 소리, 빛, 온도 등의 발생이나 변화를 알아내는 기계 장치
- **소각:** 불에 태워 없애 버림
- **소득:** 어떤 일의 결과로 얻는 이익
- **소비자:** 돈이나 물건, 시간 등을 쓰는 사람
- **소송:** 사람들 사이에 일어난 다툼을 법에 따라 판결해 달라고 법원에 요구함
- **소음:** 불쾌하고 시끄러운 소리
- **소행성:** 화성과 목성의 궤도 사이에서 태양의 둘레를 도는 작은 행성
- **손상:** 물체가 깨지거나 상함. 혹은 병이 들거나 다침
- **수명:** 물건이 사용될 수 있는 기한
- **수분:** 물건이나 물질에 들어 있는 물
- **수요:** 어떤 물품을 사려고 하는 욕구
- **수위:** 강, 바다, 호수 등의 물의 높이
- **수질:** 온도, 맑고 흐림, 어떤 물질이나 세균이 포함된 양 등으로 결정되는 물의 성질

· **수집하다**: 취미나 연구를 위하여 여러 가지 물건이나 재료를 찾아 모으다
· **수출**: 국내의 상품이나 기술을 외국으로 팔아 내보냄
· **수행하다**: 일을 생각하거나 계획한 대로 해내다
· **수호대**: 지키고 보호함.
· **수확**: 익은 농작물을 거두어들임. 또는 거두어들인 농작물
· **습지**: 습기가 많아 늘 축축한 땅
· **시급히**: 시간적인 여유가 없이 몹시 급하게
· **시달리다**: 괴로움이나 성가심을 당하다
· **시범**: 모범이 되는 본보기를 보임
· **시위**: 많은 사람들이 무리를 지어 공개적인 장소에서 자신들의 주장을 폄
· **시행하다**: 실지로 행하다
· **식량**: 사람이 살아가는 데 필요한 먹을거리
· **실내**: 방이나 건물 따위의 안
· **실속**: 군더더기 없이 실제로 핵심이 되는 내용

· **실시간**: 실제 흐르는 시간과 같은 시간
· **실업자**: 직업이 없는 사람
· **실외**: 방이나 건물 따위의 밖
· **실용적**: 실제로 쓰기에 알맞은 것

<ㅇ>

· **악영향**: 나쁜 영향
· **안정**: 변하거나 흔들리지 않고 일정한 상태를 유지함
· **안토시아닌**: 식물의 꽃, 잎, 열매 따위의 세포액 속에 들어 있어서 빨강, 파랑, 초록, 자주 따위의 빛깔을 나타내는 색소
· **알아채다**: 어떤 일이 되어가는 분위기를 미리 알다
· **암석**: 지각을 구성하고 있는 단단한 돌
· **앞지르다**: 남보다 빨리 가서 앞을 차지하거나 어떤 동작을 먼저 하다
· **애국심**: 자신의 나라를 사랑하는 마음
· **야생동물**: 산이나 들에서 저절로 나서 자라는 동물
· **억제하다**: 정도나 한도를 넘어서 나아가려는 것을 억눌러 그치게 하다

- **여성혐오:** 여성을 싫어하고 미워하는 일
- **여진:** 큰 지진이 일어난 다음에 잇따라 일어나는 작은 지진
- **역전:** 경기의 흐름이 반대 상황으로 뒤집힘
- **연구:** 어떤 일에 대해서 깊게 찾아보고 살펴보며 생각해 보는 일
- **연료:** 태워서 빛이나 열을 내거나 기계를 움직이는 에너지를 얻을 수 있는 물질
- **연일:** 여러 날을 계속함
- **연평균:** 1년을 단위로 하여 내는 평균
- **열기:** 뜨거운 기운
- **열악하다:** 품질이나 능력, 시설 따위가 매우 떨어지고 나쁘다
- **열풍:** 매우 세차게 일어나는 기운을 비유적으로 이르는 말
- **엿보다:** 남이 알아차리지 못하게 해서 살펴보다
- **영양분:** 영양이 되는 성분
- **영업:** 돈을 벌기 위한 사업이나 활동
- **영향:** 어떤 것의 효과나 작용이 다른 것에 미치는 것
- **영향력:** 어떤 것의 효과나 작용이 다른 것에 미치는 힘
- **예상:** 앞으로 있을 일이나 상황을 짐작함. 또는 그런 내용
- **예상하다:** 앞으로 있을 일이나 상황을 짐작하다
- **예측:** 미리 헤아려 짐작함
- **오염:** 더러워지는 것
- **온기:** 따뜻한 기운
- **온실가스:** 지구 대기를 오염시켜 온실효과를 일으키는 가스를 뜻하는 말
- **원주민:** 어떤 지역에 원래부터 살고 있는 사람들
- **요구하다:** 받아야 할 것을 필요에 의하여 달라고 청하다
- **요인:** 사물이나 사건이 이루어지는 중요한 원인
- **용기:** 물건을 담는 그릇
- **우려:** 근심과 걱정
- **운영하다:** 사업을 관리하고 이끌어 나가다
- **운항:** 배나 비행기가 정해진 항로나 목적지를 오고 감

- **운행**: 정해진 길을 따라 자동차나 열차 등이 다님
- **원재료**: 기본이 되는 재료
- **원활하다**: 거침이 없이 잘 나가는 상태에 있다
- **위기**: 위험한 시기, 상황
- **위상**: 어떤 사물이 다른 사물과의 관계 속에서 가지는 위치나 상태
- **위협하다**: 힘으로 으르고 협박하다
- **유발하다**: 어떤 것이 다른 일을 일어나게 하다
- **유인우주선**: 사람이 탄 우주선
- **유지**: 어떤 상태나 상황을 그대로 보존하거나 변함없이 계속하여 지탱함
- **유출되다**: 밖으로 흘러 나가다
- **유해 물질**: 해로움이 있는 물질을 통틀어 이르는 말
- **육로**: 땅 위로 난 길
- **육식공룡**: 동물의 고기를 먹고 살던 공룡
- **율법**: 종교적, 사회적, 도덕적 생활과 행동에 관해 신의 이름으로 정한 규범
- **의미**: 말이나 글, 기호 등이 나타내는 뜻
- **의사소통**: 생각이나 말 등이 서로 통함
- **의존하다**: 어떠한 일을 자신의 힘으로 하지 못하고 다른 것의 도움을 받아 의지하다
- **이득**: 이익을 얻음. 또는 그 이익
- **이익**: 물질적으로나 정신적으로 보탬이 되는 것
- **익히다**: 자주 경험하여 서투르지 않게 하다
- **인건비**: 사람을 부리는 데 드는 돈
- **인공지능**: 인간의 지능이 가지는 학습, 추리, 적응, 논증 따위의 기능을 갖춘 컴퓨터 시스템
- **인권**: 인간으로서 당연히 가지는 기본적 권리
- **인근**: 가까운 곳
- **인류**: 전 세계의 모든 사람
- **인상하다**: 물건값, 봉급, 요금 따위를 올리다
- **인식**: 사물을 분별하고 판단하여 아는 것
- **인종**: 백인종, 황인종, 흑인종처럼 피부, 머리색, 골격 등의 신체적 특징에 따라 나눈 사람의 종류

- **인종차별:** 인종적 편견 때문에 특정한 인종에게 사회적, 경제적, 법적 불평등을 강요하는 일
- **인지:** 어떤 사실을 확실히 그렇다고 여겨서 앎
- **인플레이션:** 통화량이 팽창하여 화폐 가치가 떨어지고 물가가 계속 올라 일반 대중의 실질적 소득이 감소하는 현상
- **일광욕:** 치료나 건강을 위하여 온몸을 드러내고 햇빛을 쬐는 일
- **일교차:** 하루 동안에 기온, 기압, 습도 등이 바뀌는 차이
- **일산화탄소:** 탄소의 산화물. 무색무취의 기체로 독성이 있다
- **일정하다:** 어느 정도 정해져 있는 양으로, 한결같다
- **일조량:** 햇볕이 비치는 양
- **일직선:** 한 방향으로 쭉 곧은 줄
- **임금:** 일한 대가로 받는 돈
- **임무:** 맡은 일. 또는 맡겨진 일
- **입자:** 물질을 구성하는 미세한 크기의 물체
- **입장:** 바로 눈앞에 처하고 있는 처지나 상황
- **일시적:** 잠시 일어나거나 나타나는 것
- **일자리:** 생계를 꾸려 나갈 수 있는 수단으로서의 직업

<ㅈ>

- **자금:** 특정한 목적에 쓰는 돈
- **자연재해:** 태풍, 가뭄, 홍수, 지진, 화산 폭발 등의 피할 수 없는 자연 현상으로 인해 받게 되는 피해
- **자원:** 사람이 생활하거나 경제적인 생산을 하는 데 이용되는 재료
- **작물:** 논밭에 심어 가꾸는 곡식이나 채소
- **잔해:** 썩거나 타다 말고 남은 뼈
- **잔해물:** 부서지거나 못 쓰게 되어 남아 있는 물체
- **잠수함:** 물속을 다니면서 적과 싸우는 전투함정
- **잠재력:** 겉으로 드러나지 않고 속에 숨어 있는 힘
- **장수:** 군사를 거느리는 우두머리

- **재난**: 뜻밖에 일어난 재앙과 고난
- **재발견**: 어떤 사실이나 가치를 다시 새롭게 발견하여 인정함
- **재배지**: 식물을 심어 가꾸는 땅
- **재배하다**: 식물을 심어 가꾸다
- **재사용**: 이미 사용한 물건을 다시 씀
- **재앙**: 뜻하지 않게 생긴 불행한 일
- **재질**: 재료가 가지는 성질
- **재해**: 뜻하지 않게 일어난 불행한 사고나 지진, 홍수, 태풍 등의 자연 현상으로 인한 피해
- **재활용**: 못 쓰게 돼서 버리게 된 물건을 바꾸거나 다시 만들어 씀
- **저렴하다**: 물건 따위의 값이 싸다
- **저소득국가**: 일정 기간 한 나라의 국민이 생산한 가치가 적은 나라
- **저지대**: 낮은 곳, 낮은 지대
- **저출산**: 아이를 적게 낳음
- **저출생**: 일정한 기간에 태어난 사람의 수가 적음
- **저항**: 어떤 힘이나 조건에 굽히지 않고 거역하거나 견딤

- **적도**: 지구의 남북 양극으로부터 같은 거리에 있는 곳. 적도 지역은 태양의 직사광선을 받는 일이 많다
- **전달되다**: 내용이나 뜻이 전해져 알려지다
- **전략적**: 사회적 활동을 하는 데 필요한 방법과 계획에 관한 것
- **전망하다**: 앞날을 미리 생각해 보다
- **전문가**: 어떤 분야를 연구하거나 그 일에 종사하여 그 분야에 상당한 지식과 경험을 가진 사람
- **전반적**: 어떤 일이나 부문에 대하여 그것과 관계되는 전체에 걸친 것
- **전역**: 어느 지역의 전체
- **전염**: 병이 다른 사람에게 옮거나 다른 사람의 습관, 분위기, 기분 등에 영향을 받아 비슷하게 변함
- **전용**: 특정한 목적으로 일정한 부문에만 한하여 씀
- **전차**: 전쟁할 때 쓰는 수레
- **전환**: 다른 방향이나 상태로 바뀌거나 바꿈

- **점액**: 끈끈한 성질이 있는 액체
- **접촉**: 서로 맞닿음
- **정권**: 정치를 맡아 행하는 권력
- **정당하다**: 이치에 맞아 올바르다
- **정서**: 기쁨, 슬픔, 사랑, 미움 등과 같이 사람의 마음에 일어나는 여러 가지 감정
- **정전기**: 두 물체가 서로 닿아 문질러지거나 비벼질 때 생기는 약한 전기
- **정책**: 정치적인 목적을 이루기 위한 방법
- **정체**: 원래의 생김새, 모양
- **정화**: 더러운 것을 깨끗하게 함
- **제거하다**: 없애 버리다
- **제설**: 쌓인 눈을 치우는 일
- **제한하다**: 일정한 한도를 정하거나 그 한도를 넘지 못하게 막다
- **조사하다**: 어떤 일의 내용을 알기 위하여 자세히 살펴보거나 찾아보다
- **조절하다**: 균형에 맞게 바로잡거나 적당히 맞추어 나가다
- **조치**: 상황을 잘 살펴서 필요한 대책을 세워 행함. 또는 그 대책
- **존재**: 실제로 있는 것
- **존재하다**: 실제로 있다
- **종**: 종류를 세는 단위
- **종자**: 식물에서 나온 씨 또는 씨앗
- **주머니가 가볍다**: 가지고 있는 돈이 적다
- **주범**: 어떤 일에 대해 좋지 않은 결과를 만드는 주요 원인
- **주변국**: 어떤 한 나라의 주변에 있는 나라
- **주요**: 주되고 중요함
- **주장하다**: 자신의 의견이나 신념을 굳게 내세우다
- **중단**: 중간에서 끊어지거나 끊음
- **중력**: 지구 위의 물체가 지구로부터 받는 힘. 또는 모든 물체가 서로 잡아당기는 힘
- **중장기적**: 기간이 중간쯤 되거나 긴 것
- **즉각적**: 바로 당장 하는 것
- **즐비하다**: 줄지어 빽빽하게 늘어서 있다
- **증가하다**: 수나 양이 더 늘어나거나 많아지다
- **증식하다**: 늘어서 많아지다
- **지갑이 얇다**: 경제적으로 여유롭지 않다
- **지구온난화**: 지구의 기온이 높아지는 현상

- **지뢰:** 땅속에 묻고 그 위를 무언가가 지나가면 폭발하도록 만든 폭약
- **지상:** 땅의 위
- **지원:** 지지하여 도움
- **지적:** 꼭 집어서 가리킴
- **지적하다:** 잘못된 점이나 고쳐야 할 점을 가리켜 말하다
- **지정:** 가리켜 분명하게 정함
- **지정되다:** 어떤 것이 공공 기관이나 단체, 개인 등에 의해 특별한 자격이나 가치가 있는 것으로 정해지다
- **지향하다:** 어떤 목표로 뜻이 쏠리어 향하다
- **진원:** 최초로 지진파가 발생한 곳
- **질량:** 물체의 고유한 양
- **짐작되다:** 사정이나 형편 따위가 대강 헤아려지다
- **집단생활:** 여럿이 모여 함께 생활함
- **집필하다:** 직접 글을 쓰다

<ㅊ>

- **차단하다:** 다른 것과의 관계나 접촉을 막거나 끊다
- **차별:** 둘 이상을 차등을 두어 구별함
- **차별적:** 차별이 있거나 차별을 두는 것
- **차지하다:** 사물이나 공간, 지위 따위를 자기 몫으로 가지다
- **착륙하다:** 비행기 등이 공중에서 땅에 내리다
- **착취당하다:** 자원이나 재산, 노동력 등을 정당한 대가 없이 빼앗기다
- **찬사:** 훌륭함을 드러내어 칭찬하는 말이나 글
- **창작:** 무엇을 처음으로 만들어 냄. 또는 그렇게 만들어 낸 것
- **창출되다:** 전에 없던 것이 처음으로 생각되어 지어내어지거나 만들어지다
- **채택하다:** 여러 가지 중에서 골라서 다루거나 뽑아 쓰다
- **처리하다:** 어떤 일을 순서에 따라 정리하여 마무리하다
- **처지:** 처해 있는 사정이나 형편
- **천문대:** 우주의 모든 현상(천체)을 관측하고 연구하기 위하여 설치한 시설 또는

기관
- **청정:** 맑고 깨끗함
- **체증:** 교통의 흐름이 순조롭지 아니하여 길이 막히는 상태
- **체포되다:** 죄를 지었거나 죄를 지었을 것으로 의심되는 사람이 잡히다
- **초기:** 정해진 기간이나 일의 처음이 되는 때나 시기
- **초대형:** 보통의 대형보다 훨씬 더 큰 대형
- **초소형:** 보통의 소형보다 훨씬 더 작은 소형
- **촉감:** 어떤 것이 피부에 닿아서 생기는 느낌
- **촉진하다:** 다그쳐서 빨리 진행하게 하다
- **총동원하다:** 사람, 물자 따위의 모든 것을 집중시키다
- **최고치:** 어떤 값 가운데 가장 높은 값
- **추가:** 나중에 더 보탬
- **추산되다:** 짐작으로 미루어져 셈하여지다
- **추세:** 어떤 현상이 일정한 방향으로 나아가는 경향
- **추월:** 뒤에서 따라잡아서 앞의 것보다 먼저 나아감
- **추정:** 미루어 생각하여 판단하고 결정함
- **출간:** 서적이나 회화 따위를 인쇄하여 세상에 내놓음
- **취지:** 어떤 일의 근본이 되는 목적이나 중요한 뜻
- **측정하다:** 양을 재다
- **치열하다:** 기세나 세력 등이 타오르는 불꽃같이 몹시 사납고 세차다
- **친화적:** 서로 뜻이 맞거나 사이좋게 지내는 것
- **침공:** 다른 나라를 침범하여 공격함
- **침해하다:** 침범하여 해를 끼치다

<ㅌ>

- **타격:** 어떤 일에서 크게 사기를 꺾거나 손해를 줌
- **탄생하다:** 사람이 태어나거나 무엇이 새로 생기다
- **탄소:** 숯이나 석탄의 주된 구성 원소
- **탄소 배출량:** 공기 중으로 나오게 되는

이산화탄소의 양

·**탐사:** 알려지지 않은 사물이나 사실을 빠짐없이 조사함

·**탐지하다:** 드러나지 않은 사실이나 물건 따위를 더듬어 찾아 알아내다

·**탐험가:** 위험을 무릅쓰고 어떤 곳을 찾아가서 살펴보고 조사하는 일을 전문으로 하는 사람

·**탐험하다:** 위험을 참고 견디며 어떤 곳을 찾아가서 살펴보고 조사하다

·**태양광 에너지:** 태양광을 이용해 얻는 에너지

·**토종:** 본래부터 그곳에서 나는 종자

·**통계청:** 인구 조사 및 각종 통계에 관한 사무를 맡는 중앙 행정 기관

·**통과하다:** 어떤 곳이나 때를 거쳐서 지나가다

·**통보하다:** 다른 사람에게 알려 주다

·**통일:** 나누어지거나 갈라진 것들을 합쳐서 하나가 되게 함

·**투자:** 어떤 일이나 사업에 돈을 대거나 시간이나 정성을 쏟음

<ㅍ>

·**파괴하다:** 때려 부수거나 깨뜨려 헐어 버리다

·**파악하다:** 어떤 일이나 대상의 내용이나 상황을 확실하게 이해하여 알다

·**파편:** 깨어지거나 부서진 조각

·**판결:** 법원이 옳고 그름이나 좋고 나쁨을 판단하여 결정함

·**판매하다:** 상품을 팔다

·**팬데믹:** 전염병이 전 세계적으로 크게 유행하는 현상

·**편견:** 공정하지 못하고 한쪽으로 치우친 생각

·**평등권:** 차별 없이 평등한 권리와 의무를 가질 권리

·**폐기:** 못 쓰게 된 것을 버림

·**폐교:** 학교 문을 닫음

·**폐포:** 허파로 들어간 기관지의 끝에 포도송이처럼 달려 있는 자루. 호흡할 때에 가스를 교환하는 작용을 한다

·**폐허:** 건물이 파괴되어 황폐하게 된 터

·**폭설:** 갑자기 많이 내리는 눈

- **폭염**: 매우 심한 더위
- **폭우**: 갑자기 세차게 쏟아지는 비
- **폭행**: 거친 행동
- **표면**: 사물의 가장 바깥쪽
- **품종**: 물품의 종류
- **풍습**: 옛날부터 그 사회에 전해 오는 생활 전반에 걸친 습관
- **피난**: 재난을 피하여 멀리 옮겨 감

<ㅎ>

- **하급**: 낮은 등급이나 계급
- **하위**: 낮은 지위나 등급이나 위치
- **하천**: 강과 시내
- **학대**: 정신적으로나 육체적으로 몹시 괴롭히고 못살게 굶
- **한정되다**: 수량이나 범위 등이 제한되어 정해지다
- **한파**: 겨울철에 기온이 갑자기 많이 내려가는 현상
- **합성**: 둘 이상의 것을 합쳐서 하나를 이룸
- **합성어**: 둘 이상의 실질 형태소가 결합하여 하나의 단어가 된 말. '집안', '돌다리' 따위이다
- **항해**: 배를 타고 바다 위를 다님
- **해고**: 직원을 직장이나 일터에서 내보냄
- **해당되다**: 어떤 범위나 조건에 맞게 되다
- **해수면**: 바닷물의 표면
- **해역**: 바다 위의 일정한 구역
- **행성**: 중심 별이 강하게 끌어당기는 힘 때문에 타원형의 궤도를 그리며 중심 별의 주위를 도는 천체
- **허가**: 행동이나 일을 할 수 있게 허락함
- **허다하다**: 수효가 매우 많다
- **허술하다**: 엉성하여 빈틈이 있다
- **허용하다**: 문제 삼지 않고 허락하여 받아들이다
- **혁명**: 전의 방식 따위를 단번에 깨뜨리고 새로운 것을 급격하게 세우는 일
- **현상**: 나타나 보이는 현재의 상태
- **현지인**: 그 지역에 터전을 두고 사는 사람
- **협의**: 둘 이상의 사람이 서로 협력하여 의논함
- **형성되다**: 어떤 모습이나 모양이 갖추어지다

- **혜성:** 태양을 중심으로 타원이나 포물선을 그리며 도는, 꼬리가 달린 천체
- **호황:** 경기가 좋은 상황
- **혹한:** 몹시 심한 추위
- **화물:** 운반할 수 있는 유형의 재화나 물품을 통틀어 이르는 말
- **화재:** 불이 나는 일. 또는 불로 인한 재난
- **화질:** 화면의 밝기나 뚜렷함의 질
- **확보하다:** 확실히 보증하거나 가지고 있다
- **환기:** 더럽고 탁한 공기를 맑은 공기로 바꿈
- **활약:** 활발히 활동함
- **훈련:** 가르쳐서 익히게 하다
- **흑해:** 유럽과 아시아의 경계에 있는 바다
- **흡수하다:** 빨아서 거두어들이다
- **희소식:** 기쁜 소식
- **희소하다:** 매우 적다